なんで
中学生のときに
ちゃんと
学ばなかったん
だろう…

現代用語の基礎知識・編
おとなの楽習
3

英語のおさらい

自由国民社

装画・ささめやゆき

【もくじ】

序章 　英語は絶対、勉強しよう！…14

コラム 　英会話スクールは有効か？…18

1章 　川の流れのように…20
　　　　「左から右に流れる」英語の世界

2章 　英語には2つのタイプの文しかない！…22
　　　　＜I AM系＞と＜I DO系＞

コラム 　現在形は現在だけじゃない…28

3章 　だれが川に立つのか…30
　　　　一人称と二人称の向き合う世界
　　　　〜陣地分けが必要です〜

4章 　竿の種類が違います…35
　　　　それぞれの人称の後に続く形は…

5章 **川で魚を捕まえろ！** …38
三単現には釣り針Sを

6章 **魚を魚拓にしてみました** …41
過去形の世界

7章 **英語の神様は親切？** …44
相手に「わかってもらいたい」という情熱で

8章 **できるかな？できたかな？** …47
"助動詞"という手袋をはめて魚を捕ろう

コラム YESと「はい」は違う…50

9章 **未来はだれのもの？** …51
これからのことは will と shall で

コラム もしも明日が…55

10章 **口出ししたい時の言い方** …56
must、should、may で口を出そう

| コラム | 頻度をあらわす副詞…59 |

11章 **いろんな疑問文の作り方**…60
5W1H 疑問詞を使ってみよう

| コラム | manyとmuchの違い…65 |

12章 **魚の見本市**…66
肉食系・草食系・タツノオトシゴ系の動詞たち

13章 **肉食系をよく見ると**…69
肉食系してあげます目と肉食系変身させます目

14章 **情報公開の時代に**…73
動詞の"イメージ化"

15章 **後に悲劇が待ち受けようとも**…77
動詞と一緒に前置詞のイメージ化も

16章 **列車はどこで停まるのか**…82
場所・空間と時間をあらわす

コラム every は単数扱い…85

17章 **魚を持ち運ぶ方法は…** …86
水槽？ 冷凍？ さばく？

18章 **魚を水槽に入れてみました**…88
不定詞 to＋動詞で魚は生のまま

19章 **水槽のいろいろな使い方**…92
toを踏まえて熟語をマスター

20章 **魚を瞬間冷凍してみました**…95
〜ing で 今まさに！

21章 **魚をさばいてみました**…99
まな板の上で魚をさばいた過去分詞

コラム byにならない受け身…102

22章 **さばいた魚を持っています**…104
have＋過去分詞で時間の流れが見通せます

コラム	goneは「行ったきり」…108	

23章 アレだよ、アレだと言いたい時は
相手も知っているアレ？…109

24章 This is a pen. と言うのはいつ？…114
相手を他人だと認めよう

コラム	週に8日もアイシテル…119	

25章 「美しい絵」と「絵は美しい」
形容詞と副詞と感嘆文…120

26章 背が高いのはどっち？…123
as〜as構文で比較

27章 対抗戦を開催しました…128
比較級は一対一の決闘ですが、最上級は複数対決

28章 もう繰り返すのはイヤなんです…131
所有格と代名詞

コラム 時計屋さんにて…135

29章 **偉大な偉大な it 様**…136
時間、明暗、天気を操る太陽です

30章 **「説明しよう！」と気合を入れて**…139
必ず直後に説明の合図 "関係代名詞" を

31章 **どんな友達なのかな？**…143
関係代名詞の直前には先行詞

32章 **合図がなくても大丈夫**…146
省略可能な合図も

コラム 接続詞の that …150

33章 **嘆き悲しむ暇があるなら**…152
似たもの探しで単語を覚えよう

◆ 不規則動詞の活用（タイプ別）一覧…156

実践篇…159

昔話を読んでみよう！
～オススメの練習方法～
- Urashima Taro
- The gratitude of the crane

資料篇…169

名詞の修飾
be動詞の後に来るもの
haveの後に来るもの
一般動詞の種類

英語のおさらい

序章　英語は絶対、勉強しよう！

さて、これから英語の勉強を始めましょう！

えっ、英語は勉強しなくてもいいんじゃないかって？そういえば、そういうタイトルの本もありましたね。「英語は習うより、慣れろ」、「ネイティブの英語をシャワーのように聞いていれば、自然としゃべれるようになる」、「日本で勉強するより、海外で英語漬けになった方がいい」・・・そんなふうに言う英会話スクールや留学あっせん業者の広告もたくさんありますよね。

はたして本当にそうでしょうか？

たしかに、ネイティブの英語に触れることは大切です。英語圏で3ヶ月程度、英語漬けの生活をおくれば、ある程度の日常会話には困らなくなります。

でも、それはお店で「あれがほしい、これがほしい」というレベルでしかありません。

そこから先に進もうとすれば、やっぱり中学校で習う英語、特に英文法が必要になってきます。

「でも、ネイティブの人は文法なんて考えていないんでしょ？」だって？

英語圏で育った人が英文法を習わなくてもしゃべれるのは、

日本で育った私たちが日本語の文法を習わなくてもしゃべれるのと同じです。

　日本語が英語と同じような文法構造を持っているのならば、英文法なんか勉強しなくても、英語をシャワーのように浴びれば、ペラペラ話せるようになるでしょう。

　でも残念ながら、日本語の文法は、英語と全然違います。文法が違うということは、モノの考え方の発想が全然違うということです。

　日本語で育った私たちは、ついつい日本語の語順や言い回しに引きずられて、英語を話そうとする傾向があります。

　「日本語脳」でもって、英語をしゃべろうとすると、必ず間違えます。

　よく「英語脳」を作ればいいと言いますが、私たちは幼児ではないので、英語をシャワーのように聞いても「英語脳」はでき上がりません。

　ネイティブの人たちの発想法を知って、日本語との違いを意識すること。まわりくどいけど、そこから始めるしかないのです。

　最初は考えながらですが、文法をマスターして、しゃべることに慣れてくると、意識しなくても「日本語脳」と「英語脳」の切り替えができるようになります。

　そのための第一歩。それが中学英語なのです。

　中学で英語を勉強した時のいや〜な気分がよみがえってきたって？

　でも大丈夫。この本は「中学英語をやりなおす」ことを目的としていますが、「中学で教えられているように説明する本」ではありません。

　中学で英語をつまずいた、という人はたいてい中２の途中ころからわからなくなった、という人が多いようです。

　不定詞やら受け身やらが出てきて文法事項が増え、細かいことを覚えているうちに、全体像がわからなくなってしまった、という話をよく聞きます。

　これは、中学の英文法が暗記中心になりがちなのと、英語を習う順番がおかしいせいではないかと私は思います。

　たとえば、「現在進行形は『be動詞＋〜ing形』という形で、『〜している』という意味になるのだから、とにかくそのことを暗記しなさい！」と中学の時に言われませんでしたか？

　でも中学の授業では、「be動詞」や「〜ing形」はそもそもどういう意味なのか？ということは教えてはくれませんし、そういうことを考えられるような順番に教科書がなっていません。

　納得できないことを丸暗記しろと言われても、知識は定着しませんよね。

　これでは「生きた文法」、「活かせる文法」になりません。

　なぜ文法が必要かというと、先ほど述べたように、「英語脳」

を作るため、ネイティブの発想法を身につけるためです。

　そのためには、ネイティブが無意識にしているように「英語の文のなりたち」をシンプルにとらえる発想が必要になっています。

　この本では、「この言葉の本来の意味は何か」、「この文はなぜそういう意味になるのか」がわかるように説明していきます。そのために中学で習うことをガラガラポンして、順番をかえて整理していきます。

　少しは安心しましたか？

　では、英語の勉強を始めましょう！

英会話スクールは有効か？

　私は、中学生に英語を教える時に、「今のうちにたくさん英語を勉強しておけば、将来、英会話スクールにたくさんお金を払わなくてもすむよ」とよく言っています。

　授業料の不明瞭さが問題になった英会話スクールもありましたが、英会話スクールに通うメリットをぶっちゃけて言えば、「授業料を払った分だけ、もとを取ろうと勉強をする」、「レッスンが入れば、少なくともその時間帯は英語に触れられる」ということではないかと私は思います。

　忙しい現代人が、自分で自分を「英語をせざるをえない」状況に追い込んでから勉強する、という意味では良いのかもしれませんが、英語を勉強する方法は他にたくさんあります。

　たとえば、ラジオ・テレビの講座や教材CDを聞く、英語字幕付きの洋画を見る、自分の好きな分野の本を英語で読んでみる、といった方法です。

　自分のふところ具合や趣味・性格にあわせて、勉強法を考えてみてはどうでしょうか。

1章 川の流れのように

英語の一番の特徴は何でしょう？

それは、「英語は、文章も思考も左から右に流れる」ということです。

日本語もそうじゃないかって？

日本語も左から右に書くことができますが、日本語を使う時の思考は必ずしもそうはなっていません。

たとえば、こういう文があります。

「日本語と同じ発想で英語を話すことができるという考え方に、私は賛成することができません。」

この文を読む時、読む人は最後まで見ないと、この人が「賛成」なのか「賛成でない」のかがわかりません。話す方としては、相手を煙にまいたり、わざとじらしたりすることができるわけです。

でも、英語の文章なら左から、「私は」→「賛成できない」→「〜という考え方に」と進むので、しゃべる人の立場はすぐにわかります。

これはどっちがいいという問題ではなくて、2つの言語の特性の違いです。

日本語はあいまいなニュアンスや文学的な香りを出すのにす

ぐれた言葉です。

　英語はもっと直接的で、「だれが」→「どうする」のかを、左から順番に言っていくことが求められています。「話しながら考える」、「考えながら話す」ことのできる言語です。左からポンポン言っていく、その発想法に慣れてしまえば、こっちのものです。

　「左から右に流れる」英語の世界は、川にたとえることができます。

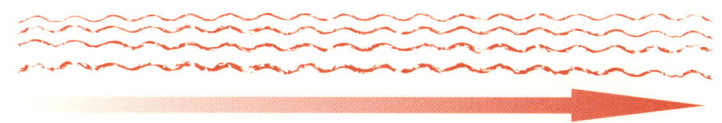

　川が逆流することはめったにありません。英文が左から右に流れるにしたがって、話している人の思考もそれについていきます。

　この川はそんなに深い川ではありません。深さは膝くらいまでしかありません。

　では思い切って、この川にジャブジャブと入っていきましょう！

2章　英語には2つのタイプの文しかない！

ここからは、英語川につかりながら、文を作っていきます。

どうすればいいかわからないって？

そういう人にグッドニュースがあります。それは、「英語の文には、2つのタイプしかない！」ということです。

ひとつの文は、I AM系の文章で、それはこんな形をしています。

＜I AM系＞ ……………………………………………………

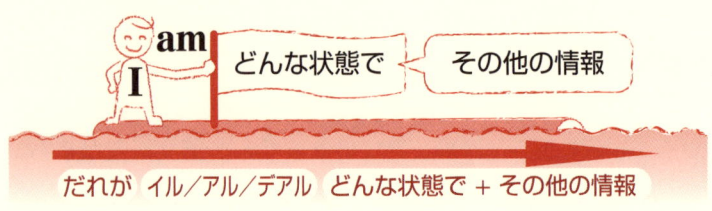

だれが　イル／アル／デアル　どんな状態で　+　その他の情報

私が、AMという竿を持って、自己アピールしているイメージです。この竿にいろんなものを巻きつけることによって、私がどんな状態でいるのかをアピールすることができます。

「AM」というのは、原形がbeなので、be動詞と言うんで

したね。

　be動詞の本来の意味は、「存在する」ということです。有名なシェイクスピアの『ハムレット』のセリフ、"To be or not to be; that is the question."は、「生きるべきか、死ぬべきか、それが問題だ」と訳されることが多いようですが、もともとのbeの意味に即すと、「（この世に）存在するか、存在するのをやめるか、それが問題だ」ということになります。

　「存在する」というのは、わかりやすく言うと、「イル／アル」ということになります。

I　　　　am　　　　happy.　（私は嬉しい）
だれが　　イル　　　どういう状態で　（形容詞）

I　　　　am　　　　a student.（私は学生だ）
だれが　　イル　　　どういう状態で　（名詞）

　これを、「I＝happy」、「I＝a student」というふうにbe動詞の意味を「イコール」であると説明する本も多いですが、要は同じことです。「Iがhappyという状態でいる」、「Iがstudentという状態でいる」という解釈で充分でしょう。

　be動詞の後には「どういう状態でいるか」を示す言葉が来るのですが、以下のように場所を示すこともできます。

I   am   in Tokyo. （私は東京にいる）
だれが　　イル　　　　どういう状態で（前置詞＋名詞）

　実は進行形や受け身の文も、この仲間に入れることができます。

I   am   playing soccer.
（私はサッカーをしている）
　だれが　　イル　　　　どういう状態で（現在分詞）

I   am   invited   to the party by him.
（私は彼にパーティに招かれる）
　だれが　　イル　　　　どういう状態で（過去分詞）

　「サッカーをしている」のも、「彼にパーティに招かれる」のも、要するに「どういう状態か」ということを示しているからです。

　英文のもうひとつのタイプは、I DO系の文章で、これはこんな形をしています。

＜Ｉ DO系＞

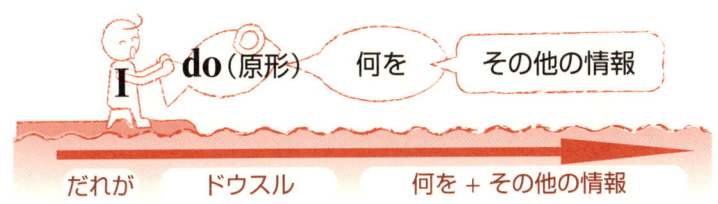

だれが　　　ドウスル　　　何を + その他の情報

　これは川で魚を捕まえようとしているところをイメージしてください。

　ＤＯというのは、一般動詞と言われるものです。たとえば、こんな文がありましたよね。

| I | read | a book. | （私は本を読む） |

だれが　ドウスル　　何を

| I | swim | fast. | （私は速く泳ぐ） |

だれが　ドウスル　その他の情報　（どんなふうに）

　魚（動詞）の種類によって、「何を」にあたる部分があったり、なかったりします。あるのを他動詞、ないのを自動詞と言います。これについてはまた後で勉強しましょう。

I　　play　　soccer　　in the park　　every day.

(私は毎日、公園でサッカーをする)

だれが　ドウスル　何を　　　　　どこ　　　　　いつ

　時間と場所を言いたい場合は、最後に「どこ」→「いつ」となるのでしたね。

　なぜ一般動詞を魚であらわすのかと言うと、一般動詞は魚のようにピチピチしていて、取り扱いが難しいからです。

　この魚の取り扱いが自由自在にできるようになれば、英語はもう怖くはありません。このことはまた後で勉強しましょう。

　このように、英語の文は「Ｉ　AM系」と「Ｉ　DO系」という２つのタイプの文章しかありません。

　中学校の英語では、「Ｉ　DO系」の文から進行形や受け身の文を作る練習はたくさんさせられるのですが、こういう単純なことをなかなか教えてくれません。進行形や受け身の文を"I am a student."という文と同類とみなすのは、おそらく正統派の英語文法ではないのでしょう。

　でもこの本では、「英語で同じ形をしているものは、同じ意味をあらわしている」と考えます。なぜならそれが、ネイティブの感覚だからです。

I am a student.

I am playing soccer.

I am invited to the party by him.

　という３つの文は、いずれも、I am…で始まります。

　I am…と言っている時に、ネイティブの頭の中で何が起こっているかというと、「私は（I）」→「いるんだよ（am）」→『さて、どういう状態でいるって言おうかな？』という思考です。「英語の川は左から右に流れている」からです。

「これから自分は進行形で言おうとしているので、amを入れなくちゃ」とか、「受け身の文をこれから述べるので、be動詞を入れよう」と考える人はいません。

　ネイティブの発想に立てば、英語はシンプルになります。

　では次は、「だれが川に立つのか」（主語）について考えましょう。

コラム

現在形は現在だけじゃない

「現在形」というと、現在のことだけを言う言い方のように聞こえますが、現在も含めて「いつもすること」や「今も変わらぬ事実」も現在形で表します。

I get up at seven every morning.（私は毎朝7時に起きる）のような習慣的な動作や、The earth goes around the sun.（地球は太陽のまわりを回っている）のような普遍的な事実は現在形で表します。

A rolling stone gathers no moss.（転がる石には苔がつかない）のように、英語のことわざの多くも現在形で記されています。これも「今も変わらぬ事実」だからですね。

3章 だれが川に立つのか

「だれが川に立つのか」ということを考える際、気をつけないといけないのは、日本語と英語の「主語」に対する考え方の違いです。

日本語は「主語がない」という説があるくらい、主語があいまいな言語です。

"I am a student." のIが主語であるように、「私は学生だ」の「私は」が主語にあたるのじゃないかって？

では、食堂で「私はカレーだけど、あなたは何食べる？」と聞かれて、「私はスパゲッティ」と答えるのはどうでしょう？

"I am spaghetti." にはなりませんよね。

実は、日本語の「〜は」というのは、主語ではなくて、「話題の提示」を意味します。

「私はスパゲッティ」というのは、「私について言うとするならば、スパゲッティだよ」という意味です。

有名な『枕草子』の出だしに、「春はあけぼの」というのがありますね。これも「春について言うとするならば、私はあけぼのがいいと思う」ということを略して言っています。

つまり、日本語の会話というのは、「〜は」という「お題」を提示して、そこに各自がボールを投げ込んでいくような形に

なっています。

　それは「玉入れ」のイメージで表現できます。玉入れのかごにあたるのが、「お題」ですね。

*日本語の会話イメージ

お題（〜は）

　日本語のあいさつに「こんにちは」というのがあるのも、ここから来ています。「こんにちは、いい天気だ」とか「こんにちは、雨ですね」というふうに、「こんにち（今日）」をお題にするのが、だれに対しても一番無難な会話だからです。「こんにちは〜」言っているうちに、後半部がなくなってしまったのでしょう。

　この玉入れゲームでは、話し手がそれぞれ玉入れ台を少しずつ自分の近くに持ってきては玉を入れていきます。でも、前の人が言った「お題」を無視して、無理に玉入れ台を動かすと、「場の空気を読め！」と言われて怒られたり、無視されたりします。「空気を読む」というのは、あまりに日本語的な発想なので、英語には訳せない言葉のひとつです。

それに対して、英語はどうでしょう。

英語では、「だれが川に立つのか」ということをはっきり言わないと会話は始まりません。

英語の会話は、いつもIとYOUが向き合ったところから始まります。会話というより「対話」ですね。

＊英語の会話イメージ

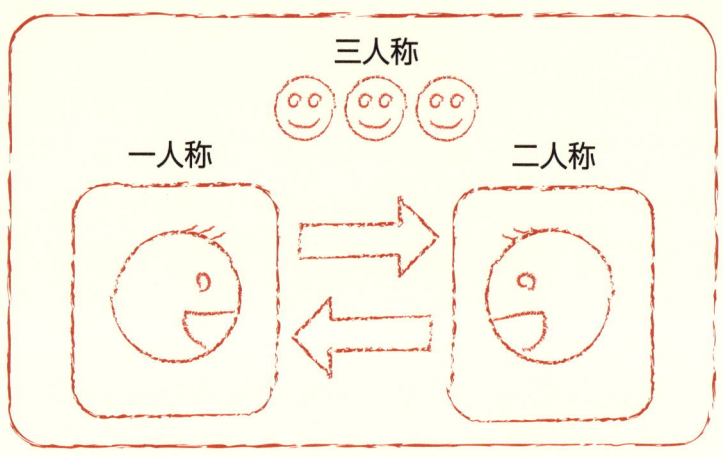

ここで重要なのは、何よりも「私」、Iです。複数だとWeですね。「話をしている、この私（たち）」を、英語では一人称と言います。

その「私（たち）」が向き合っている相手がyouです。これは単数でも複数でも同じです。「私（たち）」が話しかけている相手は、一人であろうと千人であろうと、youだと言うわけです。これを二人称と言います。

　「私（たち）」＝一人称と、「あなた（たち）」＝二人称が向き合っている世界。それが英会話の根底にある考え方です。

　一人称と二人称は「陣地」が違うので、区別しなければなりません。

　日本人は、よく小さな子どもに話しかける時、「ボクは何が好き？」と聞きますよね。英語では絶対にこんなことは言いません。何歳であろうと、私が向き合っている相手はyouで表現する。それが英語の世界です。

　私の陣地とあなたの陣地を除いた、「それ以外」はすべて三人称で表現します。私の母親（my mother）も、あなたの友人（your friend）も、私の飼っている犬（my dog）も、そこにある机（the desk）も、すべて三人称です。彼（he）も彼女（she）も、それ（it）も、ヒトであろうとモノであろうと、すべて三人称で表現します。

　ここで気をつけたいのは、三人称の複数形を代名詞で言う時は、全部theyになる、ということです。「彼ら」も「彼女ら」も「それら」も、全部theyです。ヒトもモノも一緒くたにするなんて、なんだか乱暴な感じがしますが、一人称と二人称が向

き合うことが基本になっている英語の世界では、「それ以外」は全部、三人称でまとめられてしまうので、こういうことが起こってしまいます。

こんなところからも、英語の発想と日本語の発想の根本的な違いがわかりますね。

「私（たち）」が、「あなた（たち）」に向き合って、何かを言おうとする時には、「川に立つ人（主語）」がどの陣地の人なのかをまずはっきりと言わなければなりません。日本語だったら、そのへんをあいまいにしたまま話すことも可能ですが、英語ではこの「陣地分け」が絶対に必要です。私の陣地だったら一人称（I,we）、あなたの陣地だったら二人称（you）、それ以外だったら三人称になります。

作家の大江健三郎が、ノーベル文学賞を受賞して、ストックホルムで講演をした際、「あいまいな日本の私」というタイトルで話をしました。それにならって言えば、英語を学ぶということは、「あいまいな日本の私」から抜け出して、IとYOUが向きあう世界に飛び込むことだと言えます。

英語でコミュニケーションをする時には、この世界観の違いというのを常に意識する必要があるでしょう。

4章　竿の種類が違います

　人称の考え方がわかったところで、それぞれの人称が主語になる場合、後に続く形がどうなるか考えたいと思います。
　まずは、＜Ｉ ＡＭ系＞の文の場合です。
　＜Ｉ ＡＭ系＞の文は、こういう形をとるのでしたね。

　私が1人でいる場合（これを一人称単数と言います）は、竿の形が、amになります。ところが面倒なことに、主語が変わると、竿の形も変わってしまいます。
　一覧表にするとこうなります。

	単数	複数
一人称	am	are
二人称	are	are
三人称	is	are

ぱっと見て、すぐにわかるように、複数（2人以上、2つ以上）の場合、be動詞はいつでもareです。二人称は単数の場合でもareになるので、You are…とだけ言われると、「あなた」が1人なのか複数なのかわからない、ということが起こります。

You are a student.
You are students.

最後まで聞かないと、区別がつかないわけです。

ちなみに、古い英語では、二人称単数と二人称複数は代名詞もbe動詞も区別していて、単数の場合、Thou art…と言いました（これは覚えなくてもいいですよ）。それがいつの間にか複数の時の言い方を単数の時にも使うようになったわけです。ネイティブの人にとって、YOUとは、Iが向き合っている相手であるということが重要であり、それが1人か2人以上なのかは二の次なのかもしれません。

過去の文では、amとisはwasになり、areはwereになります。

ついでに否定文と疑問文の作り方も復習しましょう。
＜I AM系＞の文で否定文を作るのは、be動詞のすぐ後にnotを入れればいいのでした。

I am not a student.（私は学生ではありません）
He isn't playing soccer now.（彼は今、サッカーをしていません）

They weren't invited to the party by him.
(彼らは彼によってパーティには招かれませんでした)

　疑問文は主語とbe動詞をひっくり返すだけです。それぞれの答えとあわせて覚えましょう。

Are you a student?　　　Yes,I am.／No,I'm not.
Is he playing soccer now?　Yes,he is.／No,he isn't.
Were they invited to the party by him?　Yes,they were.／No,they weren't.

　Are you〜にせよ、Is he〜にせよ、「be動詞＋主語」で始まっていれば、それは疑問文だということです。

　世の中にはあまり、自分自身のことについて質問する人はいませんが、もし自分で自分のことがわからなくなったら、Am I〜という形で質問することができます。
　Am I a good boy？（僕はいい子だろうか？）と子どもが大人に質問するような場合に、この形を使うことができます。
　もしそう聞かれたら、Yes,you are.と答えてあげてくださいね。

5章 川で魚を捕まえろ！

次に＜ＩＤＯ系＞の英文について考えましょう。

DOというのは、一般動詞のことです。英語の文は、＜I AM系＞の文（be動詞を使う文）と、＜I DO系＞の文（一般動詞を使う文）しかありませんから、この2つを区別することはとっても重要です。

一般動詞は魚であらわすことができます。「川に立っている人が魚を捕まえようとしている姿」をイメージしてください。

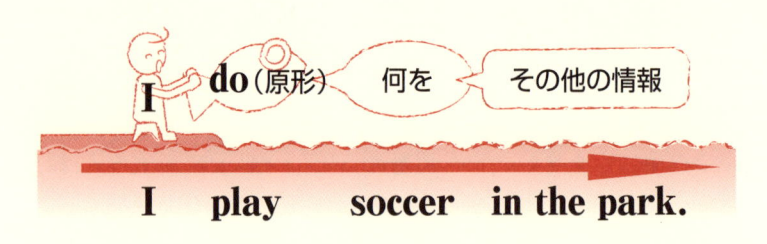

I do（原形） 何を その他の情報

I   play   soccer   in the park.

英会話は、「一人称と二人称が向き合っている世界」だと言いました。この世界で重要なキャラは、何と言っても一人称と二人称です。ですから、一人称や二人称は、上の絵のように魚を手づかみすることができます。これは1人でも2人以上でも一緒です。

でも三人称は、魚をそのまま捕まえることができません。三人称は一人称や二人称より「格下」だからです。

そこで、ある器具を使います。

それはこんな形をしていて、魚の口に引っかけるのです。釣り針みたいなものですね。

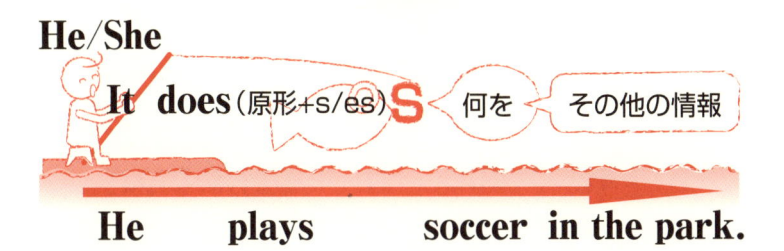

S

He/She
It does(原形+s/es) S 何を その他の情報

He　　　plays　　　soccer in the park.

そういうわけで「三人称単数現在形（三単現）」にはＳがつきます（ちょっとこじつけですが）。

でも本当は、Ｓという文字が大切なのではなくて、音が「ス」とか「ズ」とかになる、というのがポイントです。

ですから、「ティーチ（teach：教える）」とか「ウォッシュ（wash：洗う）」という動詞につく場合は、「ティーチィズ」、

「ウォッシィズ」になった方が言いやすいので、つづりもesがつくことになります（カタカナは便宜上使っているだけなので、本当の発音は少し違います）。「スタディ（study：勉強する）」というように、子音＋yになっている動詞は、「スタディーズ」というふうに音を伸ばす方が言いやすいので、つづりもそれにあわせて、yをiに変えてesをつけます。

　三人称は、1人では弱いため、器具を使わないと捕まえられないのですが、2人以上が力をあわせると素手で魚を捕まえることができます。

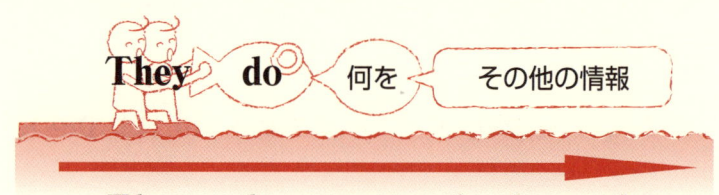

They　do　何を　その他の情報

They　play　soccer　in the park.

6章 魚を魚拓にしてみました

次に過去形を見ていきましょう。

動詞の過去形というのは、魚がそこにいたしるしをあらわす魚拓みたいなものです。魚に墨を塗って、版画のようにした紙ですね。

紙になったら捕まえるのに苦労はいらないので、これはだれでも持つことができます。

I played soccer in the park yesterday.
He played soccer in the park yesterday.

一般動詞の過去形は、規則動詞と不規則動詞に分かれます。

規則動詞はedをつけるだけなので簡単ですね。これは魚拓がうまい人が作ったのでしょう。ただし、studyのように、子音＋yの場合は「yをiにかえてed」、stopのように撥ねる音があ

る場合は、「子音（ここではp）を重ねてed」というようになります。

不規則動詞は形がそれぞれなので、覚えるのが大変です。魚拓を作る時に失敗しちゃった人みたいですね。

中学生が英語を嫌いになる一つの理由が、この不規則動詞です。後で習う過去分詞形とあわせて、speak—spoke—spokenというように何回もノートに書かされ、イヤになった、という声をよく聞きます。

不規則動詞の活用に悩む中学生に、私はよく「日本語を勉強している外国人がどんなに苦労しているか」という話をします。外国人が日本語の動詞を勉強する時は、「五段活用」とか「カ行変格活用」とかを一つずつ覚えているんだよ、という話です。

「『話さない—話します—話す—話す時—話せば—話せ—話そう』というのに比べれば、speak—spoke—spokenの方が楽でしょ？」というわけです。

そんな時、生徒は言います。

「だって、私、外国人じゃないもん」

「そりゃそうだけど、英語圏の人から見れば、君は外国人でしょ。外国語を学ぶってことは、そういう苦労をすることなんだよ。そのことを踏まえると、英語ってのは日本語や他の言語

に比べると、格段にカンタンな言葉なんだ」

　目の前に暗記すべきものが積み上がっている生徒にとって、英語教師が何を言っても、「気休め」にしかならないものです。

　この問題への完ぺきな解決策というのはありません。

　しかし、効果的な暗記法としては、以下のことが言えるかと思います。

1. まずはいくつかの「似たものグループ」に分けること（巻末に一覧表を載せました）。

2. つづりからではなく発音から覚えていくこと（s-p-o-k-eと覚えるよりも先に、スピーク―スポーク―スポークンという音から入る）。つづりが書けなくても音だけでも言えるようになれば、後はラクです。

3. 発音が言えるようになったら、活用表を見てつづりの形を目で覚えたり、ペンや鉛筆で大きな紙にひたすら書いたりする。

　皆さんのご健闘を祈ります。

7章 英語の神様は親切?

　＜I DO系＞の文をひととおり覚えたところで、それぞれの疑問文、否定文も勉強しましょう。

　ここで知っておいてほしいのは、「英語って、実は親切な言語なんだよ」ということです。

　「え〜、ややこしくて全然、親切じゃないよ」という声が聞こえてきそうですが、日本語と比べてみるとどうでしょうか。「彼らはサッカーをします」という文で考えてみましょう。

＊日本語
　肯定文:「彼らはサッカーをします」
　疑問文:「彼らはサッカーをしますか」
　否定文:「彼らはサッカーをしません」

＊英語
　肯定文: They play soccer.
　疑問文: Do they play soccer ?
　否定文: They don't play soccer.（don'tはdo notの短縮形）

　日本語の文が、文の終わりの方にならないと、事実なのか質

問なのか、否定なのかがわからないのに比べて、英語の文では文の最初の方で、それらの違いがはっきりわかります。

　疑問文や否定文で使うdoはそもそも一体何なのか、という話を英語の歴史にさかのぼって説明し出すとややこしいので省略しますが、大事なのは「doが頭にあることで疑問文だとわかる」、「don'tが主語の後にあることで否定文だとわかる」ということです。doは英語の神様の親切心の現れなのですね。

　三人称単数現在形（三単現）の文でも、英語の神様は粋なはからいをしてくれます。

肯定文：He plays soccer.
疑問文：Does he play soccer？
否定文：He doesn't play soccer.

　doは三単現の魚（一般動詞）を捕まえるのに使ったsを自らに取り込んでしまって、doesという形になります。doesが現れることによって、最初から三単現の文だとわかるわけです。そして、動詞の部分では、魚がそのままの形（原形）で現れるのです。

　過去形の疑問文・否定文も似たような形をとります。

肯定文：He played soccer.
疑問文：Did he play soccer?
否定文：He didn't play soccer.

　この場合も、疑問文・否定文にする時は、三単現と同じく原形を使います。今度はdoesではなく、didを使います。didがあることで、「これは過去のことを言ってるんだ」とわかる仕組みです。

　文の最初の方を一語か二語言っただけで、肯定か疑問か否定かがわかる英語は、とても親切な言語だと言えます。だれに対して親切なのかと言うと、私（I）が今話している相手（YOU）に対してです。セリフの最初の方を少し言うだけで、「だれの話なのか」、「いつの話なのか」、「事実なのか、疑問なのか、否定なのか」がはっきりとわかる英語の文は、話し相手に「わかってもらいたい」という情熱にあふれているのです。
　IがYOUに親切なのはわかったけど、英語の神様は英語を学習する人に親切なのかって？
　親切だと思いますよ。あなたがIになって、YOUへの情熱を胸に秘めた、その時から。

8章　できるかな？できたかな？

お次は助動詞です。

助動詞は、魚捕り用の特殊な手袋をはめて魚を捕っているイメージです。この手袋をはめれば、だれでも生のままの魚（一般動詞の原形）を生け捕りできます。これは疑問文でも否定文でも変わりません。

```
主語       助動詞do（原形）   何を      その他の情報
（どれでも）
```

この手袋をはめて、竿（be動詞）を持つこともできます。この場合、竿は本来の形であるbeという形になります。

この手袋にはいろんなタイプのものがあります。

まずはcanです。「〜できる」というのが基本的な意味ですね。

I can speak English a little.（私は少し英語が話せます）

「〜できる」というのは漢字で言うと「可能」ですよね。そこから、ちょっと意味を広げて「可能性」(「〜しうる」)という意味でも使われます。否定にすると、「〜するはずがない(可能性がない)」という意味です。

The story can't be true. (その話は本当であるはずがない)

canは「許可」(「〜してもよい」)の意味にもなります。後で述べるmayと似たような意味です。

Can I use the telephone？ (電話を使ってもいいですか)

疑問文にすると、「お願い」の文にもなります。

Can you pass me the salt, please？ (塩をとってくれませんか)

このようにcanは使い勝手がいい分、いろんな意味があるので、注意が必要です。

canを習ったついでに過去形も勉強しちゃいましょう。canの過去形は、couldです。基本的な意味は、「〜できた」ということになります。

He could speak English when he was six. (彼は6歳の時に英語が話せた)

　Could you～？と聞くと、先ほどの「お願い」の文と同じような意味になりますが、Can you～？より丁寧なお願いになります。英語には日本語のような敬語はありませんが、「過去形を使うことで、直接的な言い回しを避けて、丁寧な言い方にする」という方法があります。ついでに覚えておきましょう。

コラム

YESと「はい」は違う

　英語のYes/Noと日本語の「はい／いいえ」の意味が違うというのはご存知でしょうか。簡単に言えば、英語は事実の判定が中心、日本語は相手の言ってる内容が中心です。

　この違いがはっきりするのは否定の疑問文の場合です。

　たとえば、「昨日学校に行かなかったの？」というのは、Didn't you go to school yesterday?と言います。

　この場合、「はい、行きませんでした」は、No,I didn't.で、「いいえ、行きました」がYes,I did.です。英語だと、did（した）のかdidn't（しなかった）のかという事実の判定が先にあり、それにあわせてYes/Noがつくわけです。

　こんなところにもお国柄の違いがあらわれますね。

9章　未来はだれのもの？

次に未来のことを言う時に使うwillとshallを覚えましょう。

willは、「～するつもりだ」とか「～するだろう」という意味になります。

We will play soccer tomorrow.
（私たちは明日サッカーをするつもりです）
It will be fine tomorrow.（明日は晴れになるでしょう）

中学校では、willのつく文は「未来形」として教わります。高校になると、wouldという「willの過去形」を習います。多くの学生はここで「未来形の過去形って何？」と混乱してしまいます。

これはwillを「未来形」と言い切ってしまうことに問題があります。たしかにwillは「これからのこと」を示しますが、「未来形」というより、「これからしようとすることについての今の意志」や「これから起きることについての今の判断」を示したものだと言った方が正確です。「今の時点で未来を考える」というのがwillのスタンスなのです（wouldは「過去の時点で

その時点から先を考えた」ものです)。

また、Will you〜？と言うと、「これから〜する気はある？」という意味になるので、「〜してくれませんか」というお願いの文になります。

Will you open the window？
(窓を開けてもらえませんか)

過去形を使うと丁寧な言い方になるので、Will you〜？より丁寧な言い方をしたい場合は、Would you〜？と言います。
ちなみに否定文will notの短縮形は、willn'tではなく、won'tになるので注意しましょう。

次にshallです。
現代では、shallを使うのは疑問文の場合くらいで、肯定文で使うことはあまりありません。
「だったら、勉強することないじゃん」と思うかもしれませんが、ここはちょっと重要なので、説明につきあってください。
もともと、shallは王様が家来に命令するようなシチュエーションで使う言葉でした(聖書の中では神様も使ったりしています)。

You shall die.（お前は死ぬことになっている）と言うと、I will kill you.（私がお前を殺す）というのと同じ意味になります。Youが主語なのに、Youの意思は無視されています。

　He shall not go.（彼には行かせない）というのも、相手の意思に関係ありません。

　このように、shallを使う肯定文では、文のオモテには出てこないI（話し手）の意思が前面に出ています。オモテには出ないのに、権力をふるう絶対君主そのものですね。

　willもshallも「これからのこと」を示すのに使うというのは一緒ですが、willが「自分が決めた自由な意思」を指すのに対して、shallは「相手の意思に関係なく話者が決めた運命」をあらわします。

　ここで中学で習った世界史を思い出せば、現代でshallがあまり使われなくなった理由がわかりますね。

　それは市民革命が起こって、絶対的な君主の時代が終わったからです。フランスでは国王がギロチンにかけられて、王制が廃止されました。英語の国、イギリスでは今でも王制が残っていますが、You shall die.と相手に命令できるような王様はさすがにいなくなりました。

　他人の運命を勝手に決められる王様のような存在が退場したことにより、shallという言葉も次第に使われなくなったのです。

現代でshallが使われる場面の圧倒的多数は、自分からへりくだって、「自分で自分に運命を課しましょうか」と質問する場合です。

ここでは、次の2つを会話表現として覚えておけばいいでしょう。

Shall I open the window？（窓を開けましょうか）
Shall we play tennis？（テニスをしましょうか）

どちらも「〜しましょうか」という意味で、主語がIだったら、「私が〜しましょうか」、weだったら「私たちが〜しましょうか」という意味になる、ということです。

shallの時代が終わって、人びとはwillという言葉を使って自分の運命を自分で決められる時代になりました。私たちもそういう時代に生まれたことを感謝しましょう。

そう言えば、自分の周りにはまだshall的な言い方をする王様キャラがいるとお嘆きのあなた！そんな相手には早く革命を起こしてしまいましょう！

コラム

もしも明日が

「もし明日雨が降れば、私は外出しない」を英語で言うとIf it rains tomorrow,we won't go out.になります。

「明日なのに、なぜ if it will rainじゃないの？」と思った方は、「willは未来形ではない」という話を思い出してください。willは「未来に対する現在の意思や判断」を表すので、「もし〜すれば」と仮定する場合には使えません。仮定には「意志や判断」は入っていないからです。

逆に後半部は、未来に対する私の意志が示されているので、will（否定形のwon't）が使われていますね。

10章　口出ししたい時の言い方

前章でwillとshallの違いを学びました。この2つは「自由な意思」と「決められた運命」という対極の存在なのでした。

You shall～と言えば、王様キャラになってしまいますが、私たちの日常生活ではそこまで行かなくても、相手のすることに口を出したくなってしまうことがあります。

そんな時に使うのが、これから習うmust、should、mayです。

> You must～　（～しなければならない）
> You should～　（～すべき／～した方がよい）
> You may～　（～してもよい）

下に行けば行くほど、強制力がなくなって、相手の意思をふまえた言い方になっていますね。

You must～という言い方は命令と変わらない言い方です。否定の場合は、You mustn't～になります。mustn'tは「マスント」と読みます。

You mustn't do such a thing.（そんなことをしてはいけません）

　shouldはshallの過去形です。過去形になると丁寧になると言いましたが、ここでは過去形になることでマイルドな意味に変化しています。You should～と言うと、道義的にそうするのが正しいよ、というようなニュアンスになります。
　mayは相手の行為を許可する時に使う言葉です。You may go.と言えば、「行ってもいいよ」という意味になります。

　これらの助動詞は二人称や三人称だけでなく、一人称を主語にしても言うことができます。

　I must finish the work today.（今日、その仕事を終わらせないといけない）と言えば、自分で自分に命令している感じですね。
　mayはよく、May I use the phone？（電話を使ってもいいですか）というように疑問文で使われます。お店にお客さんが入ってきた時の店員の決まり文句は、May I help you？（お手伝いしてもいいですか）で、「いらっしゃいませ」と同じように使われます。

　上記の意味の他に、これらの助動詞は「これから起こること

について推量する」場合にも使うことができます。以下の3つの文を比べてみてください。

> Something must happen.（何かが起こるにちがいない）
> Something should happen.（何かが起こるはずだ）
> Something may happen.（何かが起こるかもしれない）

ここでも、下に行けば行くほど、レベルが下がっています。

must、should、mayという3つの助動詞は、それぞれ2つずつの意味があるのでややこしいのですが、セットにすることで覚えやすくなります。まとめてマスターしてしまいましょう。

コラム

頻度をあらわす副詞

　頻度をあらわす副詞はたくさんあります。とりあえず覚えておいてほしいのは、次の6つです。

　never（決して〜しない）＜seldom（めったに〜しない）＜sometimes（時々）＜often（しばしば）＜usually（ふつう、たいてい）＜always（いつも）

　これらの副詞は、一般動詞だと動詞の前に、be動詞だと動詞の後に出てきます。

　なぜ文の最後ではなく、最初の方に出てくるかと言うと、頻度がどの程度かというのはすごく大切なことだからです。特にneverやseldomは、don'tと同じように否定の言葉（「〜しない」と訳す）なので、最初の方に来ないと困るわけです。

　ここにも英語の親切心が働いていますね。

11章　いろんな疑問文の作り方

さてこれまで、＜I AM系＞と＜I DO系＞それぞれの疑問文の作り方を学びました。

ここではついでに、いろんな疑問詞の使い方も勉強してしまいましょう。

疑問詞は必ず頭に来て、後は疑問文の順番にすればいいだけです。疑問文というのは、「be動詞＋主語」、または「Do／Does／Did／助動詞＋主語」で始まるのでしたよね。

よく使う疑問詞は5W1Hと言って、以下のものです。
what（何）、who（だれ）、where（どこ）、when（いつ）、why（なぜ）、how（どうやって、どういう状態)

What are you doing？（あなたは何をしているのですか？）
疑問詞＋【疑問文の順番】(be動詞＋主語＋その他)

Where did you go yesterday？（昨日、どこに行ったのですか？）
疑問詞＋【疑問文の順番】(did＋主語＋一般動詞＋その他)

Why should we study English? (なぜ私たちは英語を勉強すべきなのか)

疑問詞＋【疑問文の順番】（助動詞＋主語＋一般動詞＋その他）

　疑問詞の後は、「いつもの疑問文の順番」なので、簡単ですね。

　ところが、その法則にあたらないものがあります。代表的なのは、whoを使った文です。

　先ほど疑問詞の後は疑問文の順番と言いました。疑問文というのは「○○＋主語」という順番になっています。しかし、whoは「だれが〜をするの？」というように、主語そのものを質問する場合に使うことがあります。その場合はwho自体が主語になってしまうので、後の形が変わってきてしまいます。

　その場合、どうなるかと言うと、whoお得意の「頭のすげかえ文」ができあがります。

Tom is playing the piano.の主語を聞きたい場合
→Who is playing the piano?（だれがピアノを弾いてるの？）

　Tomをwhoにすげかえればいいのですね。疑問文でも否定文でもない普通の文を「肯定文」と言いますが、主語を質問する文の順番は、疑問詞＋【主語を除いた肯定文の順番】になって

います。

　同じことがwhatでも起こることがあります。これも「何が〜するの？」というように、主語そのものを質問する場合です。

　The news made you so sad.の主語を聞きたい場合
→What made you so sad ? （何があなたをそんなに悲しませたのですか）
疑問詞＋【主語を除いた肯定文の順番】

　これも頭をすげかえただけですね。
　「主語を質問したい場合は、主語を疑問詞にすげかえる」ということを覚えておきましょう。

　また、howは意味の幅が広く、使い方がいろいろあるので注意が必要です。
　howの基本的な意味は「どう」です。How about you ? と言えば、aboutは「〜について」という意味なので、「あなたの場合はどう？」という意味になります。How about coffee ? は「コーヒーはどう？」ですね。
　このようにhowの基本的な意味は「どう」なのですが、そこから「どういう状態」、「どういう手段」、「どういうレベル」な

ど、いろんな応用がきます。

　How are you？（お元気ですか）というのは、乱暴に言えば、「あんた、どういう状態なの？」ということになります。How do you go to school？（あなたはどうやって学校に行くのですか？）という文は「どういう手段か」と交通手段を聞いています。答える時は、by bus（バスで）とか、by train（電車で）とか言いましょう。ちなみに「歩いて」は、by foot ではなく、on footです。

　さらにhowのお得意技として、いろんなもののレベルが「どういうレベル？」と聞く方法があります。この場合、how〜というのが固まりになるので、注意が必要です。

How far is it from here to the station？（ここから駅までどれくらいの距離ですか？）

How much is this？（これはいくらですか？）

How many books do you have？（何冊、本を持っていますか？）

　ここでは、how many ＋名詞（数えられるもの）というのが固まりになっています。

　5W1H以外で重要なのは、which（どちら）です。

　これはwhich単独だけでなく、which＋名詞という形でも使われます。

Which do you like better, apples or oranges？（りんごとオレンジとどちらが好きですか？）

Which book is yours？（どちらの本があなたのですか？）

　whatもwhat単独だけでなく、what＋名詞で使えますね。

What time is it now？（今、何時ですか）

What sport do you like？（何のスポーツが好きですか）

　これらの疑問詞を駆使すれば、いろんな質問をすることができるようになります。

コラム

manyとmuchの違い

　manyとmuchはどちらも「多い」という意味ですが、manyは数えられるもの、muchは数えられないものを指す時に使います。ちなみにa lot ofはどちらでも使えます。

　本や人は数えられるので、many books、many peopleと言います。

　水やお金は数えられないので、much water、much moneyと言います。

　「なぜお金が数えられないの？」と思うかもしれませんが、お金にはドルや円などいろんな単位があります。その指定がなく、ただmoneyと言われた時には数えられないものとして扱うわけです。

　「少ない」場合は、同じように a fewとa littleを使い分けます。a few books、a little moneyという例を出せば、どっちがどっちかわかりますね？

12章　魚の見本市

いろんな文の作り方を習ったところで、魚（一般動詞）の種類も見ていくことにしましょう。

魚には大きく分けて、以下の3つの種類の魚がいます。「英語の川と言ってたわりに、川魚じゃないじゃん」というツッコミはやめてくださいね。

＊**肉食系の魚**

肉食系の魚は、歯が強く、いろんなものに食らいつきます。動詞の後には必ず、目的語（動作の向かう相手、対象）があり、文法用語では他動詞と言われます。辞書で調べた時に「～を○○する」と出てくるものはこの仲間です。

have、make、playなどは全部この仲間になります。

＊**草食系の魚**

この魚はプランクトンなどを食べている魚のように、他のものに食らいついたりはしません。動詞だけで自己完結しているので、後には何もつけなくてもそれだけで文を作ることができ

ます。文法用語では完全自動詞と呼ばれるもので、go、come、run、walk、swim、など「移動」に関する言葉や、stay、live、standなど「停止」に関する言葉が多いですね。

後には何もつけなくても文を作れると言いましたが、それだけだと寂しいので、実際には「その他の情報」とセットになっていることが多いようです。

go to〜（〜へ行く）、come to〜（〜へ来る）、live in〜（〜に住む）というように、前置詞とセットで覚えておくとお得です。

＊タツノオトシゴ系の動詞

どんな状態で

魚の仲間なのに魚らしくない、竿（be動詞）みたいな役割を果たすのが、タツノオトシゴ系の動詞です。文法的には不完全自動詞と言います。

竿にいろんなものが巻きついて、「どんな状態か」をあらわすのと同じように、この動詞の後には「どんな状態か」をあらわす言葉（「補語」と言います）がくっついてきます。

たとえば、以下のような文です。

He looks happy.（彼は幸せそうに見える）
I feel fine.（私は気分が良い）

That sounds great.（それはすごいね←greatに聞こえるね）

　look（〜に見える）、feel（〜に感じる）、sound（〜に聞こえる）など感覚をあらわす動詞はこの仲間になります。「どんな状態」を感覚でキャッチしているのかを示すのです。
　また、become、getなど「〜になる」という意味を持つ動詞もこの仲間です。

She became a teacher.（彼女は先生になった）
It is getting dark.（暗くなってきた）

　これらは「どんな状態」になるかを示しています。

　このように魚（一般動詞）は、大きく分けて3つの仲間に分かれますが、なかには同じ魚なのに複数の意味があって、「肉食系でもあり、草食系でもある」（たとえばstop＝「〜をやめる」、「立ち止まる」）とか「草食系だけど、タツノオトシゴ系にもなる」（たとえばlook＝「見る」、「見える」）という魚もいます。結局は一つひとつの意味を覚えて、形を覚えるしかないようです。暗記する時は、動詞だけでなく、He looks happy.＝彼は幸せそうに見える、というように例文で覚えるのがオススメです。

13章 肉食系をよく見ると

　後ろに目的語が来る肉食系の魚には、いろんなタイプがあります。ここでは特殊な形をとる2種類を見ていきましょう。

＊肉食系してあげます目

　give、show、teach、make、buyなどの動詞は後ろに、動詞＋ヒト＋モノという形をとって、「ヒトにモノを〜する」という意味になることができます。この形をとるのは、「〜してあげる」というニュアンスをもった動詞です。

My mother gave me a present.（私の母は私にプレゼントをくれた）
He teaches us English.（彼は私たちに英語を教えてくれる）

　これらの文は、ヒト→モノという順番を変えて、モノ→ヒトという順番にすることができます。その場合、動詞＋モノ＋前

置詞（to/for）＋ヒト、という語順になります。前置詞が出てくるのがミソですね。

My mother gave a present to me.
He teaches English to us.

　forになるのは、buyやmakeといった動詞を使う場合です。

　My father made me a chair.（私の父は私に椅子を作ってくれた）
→My father made a chair for me.

　I bought my daughter a doll.（私は娘に人形を買ってあげた）
→I bought a doll for my daughter.

　toを使う動詞のイメージは、「シンプルな移動」です。giveもteachもshowもモノや知識などがヒトに移動するイメージです。それに対して、forを使う動詞には、「手間やお金をかけてわざわざ〜する」というイメージがあります。makeやbuyはその典型です。

toやforのような言葉を前置詞と言います。前置詞については、この後の章で勉強しましょう。

＊肉食系変身させます目

We call the dog Pochi.（私たちはその犬をポチと呼ぶ）
The news made me sad.（その知らせは私を悲しませた）

　このタイプの肉食魚は、捕らえた獲物を自分の好きな状態に変身させることができます。その犬（the dog）をポチ（Pochi）という状態に呼んだり（call）、私（me）を悲しい（sad）という状態にさせる（make）といった芸当ができるのです。
　中でもmakeは「してあげます系」でも出てきたので、注意が必要です。以下の2つの文を比べてみましょう。

My father made me a chair.
My father made me a doctor.

上は、「私に椅子を作ってくれた」、下は「私を医者にさせた」という意味になります。makeには、「…に〜を作る」と「…を〜という状態にさせる」という2つの意味がありますが、さすがに「私を椅子にさせる」とか、「私に医者を作る」とかいうことはどう考えても無理なので、そこは常識で判断しましょう。

　makeのように、英語の単語、特に動詞は「ひとつの訳だけでおさまらない」ものがたくさんあります。私たちはついつい「make＝作る」というように、ひとつの英単語＝ひとつの日本語訳で覚えようとしますが、そこには大きな落とし穴があります。

　穴に落ちるのを避けるには、ピンポイントの日本語訳ではなく、幅の広いイメージで覚えることです。

　makeにはいくつかの意味がありますが、共通しているのは、「何かに手をくわえて働きかける」というイメージです。そのイメージだけ覚えておいて、後は文脈の流れにあわせて訳していけばいいのです。

　弓を射る的を小さいと思うのではなく、大きな的としてとらえれば、勝負は楽になります。最近、著作権の切れた本の新訳がたくさん発売されているように、プロの翻訳家でも100人いれば100通りの訳し方があります。「大きな的に当たればいい」というゆったりした気持ちで英語に接しましょう。

14章　情報公開の時代に

　前章ではmakeのイメージを説明しました。

　「イメージ」というのはあいまいな言葉ですが、この本の中ではたくさん使っています。

　ひとつの英単語＝ひとつの日本語という図式が間違いのもとである以上、それに代わる説明がなされなければなりません。しかし、辞書のように、いろんな意味が上からズラッと並んでいても、「覚えきれないよ！」という声が聞こえてくるだけです。

　そこで、この本ではあえてアバウトになることを覚悟しつつ、単語を「イメージ」で説明していきます。

　英語を長年学んだ人はみんな、それぞれの単語に特定のイメージを重ねあわせつつ使っています。それは「厳しい修行の末にたどり着く奥義」のように見られてきました。

　「まずはたくさんの例文を暗記せよ！そうすれば単語の輪郭が見えてくる」と昔の先生は言ったものです。

　しかし、今は情報公開の世の中です。出し惜しみは止めて、どんどん公開していきましょう。

　この章では、よく使う動詞のイメージを見ていきます。

まずはtakeです。

「連れテイク、持ってテイク」というのは中学の英語の先生がよく使う語呂合わせですが、takeにはこの他にも「写真を撮る」、「選ぶ」、「乗る」、「受け取る」など、いろんな意味があります。

そこに共通しているのは、ラグビーのようにボールを捕ってきて、自分の領域へと持っていくというイメージです。take a picture（写真を撮る）というのも、画像を機械から取り出して自分のものにする、というイメージですね。

getもよく使われる動詞ですが、getはtakeと違って、自分が動いている感じはありません。

「手に入れる」というのが基本的な意味で、そこから「買う」「理解する」といった意味になります。I got it.と言えば、「わかったよ」「了解」という意味で、会話でよく使われます。

ただ、getにはbecomeのように「〜になる」という意味になります。外部のものを自分の中に取り入れて、自分も変容してしまった、というイメージでしょうか。

get oldで「年をとる」、get marriedで「結婚する」という意味になります。get upだと「upになる」ので「起きる」、get to〜と言えば、「to〜という状態になる」という意味なので、「〜に着く」という意味になります。

getは何でもどん欲に取り込んで行く、といったイメージですが、この単語自体、いろんな意味を取り込んでいって、いろんな意味で使われるようになっています。辞書のgetのページをめくると、実にたくさんの意味が載っていることに驚きます。

　seeは「〜が見える」ですが、視覚情報が入る場合だけに使われるわけではなく、そこからの連想で意味がはみ出すことがあります。I see.と言えば、「わかりました」という意味ですね。
　それに対して、lookは「目を向ける」といったイメージです。look for〜だと「〜を探す」、look up to〜だと「〜を尊敬する（見上げる）」という意味です。どちらも視線がポイントですね。

　同様に耳の場合は、hear（〜が聞こえる）とlisten（〜を聞く）があります。hearは耳から情報が入る感じですが、hear from〜だと「(手紙・電話などで）〜から連絡をもらう」という意味になります。これも少し聴覚からはみ出していますね。
　listenは「耳を向ける」という感じです。Listen to me.と命令文で言えば、「私の話を聞きなさい」という意味になります。listen to adviceと言えば、「忠告に従う」という意味になります。

ここにあげた動詞はごく一部ですが、こうした「イメージ化」は自分でもすることができます。

　辞書を開いて、意味がたくさん載っている単語を見つけましょう。そこに載っている日本語訳を書き出してみて、その共通点を考えていきます。

　そういう作業をとおして、自分なりの単語イメージができ上がるのですね。

　この「修行」なら、そんなにキツくないと思いませんか？

15章　後に悲劇が待ち受けようとも

　魚（一般動詞）のいろんな種類を見終わったところで、今度は動詞と一緒に使うことの多い前置詞について見ていきましょう。

　前置詞はその名のとおり、名詞の前に現れる言葉です。

　日本語では「〜を見る」、「〜に行く」というように、「を」「に」という助詞を動詞と一緒によく使います。しかし、その感覚で英語の前置詞に接してしまうと間違いのもとになります。

　前置詞は、比較的融通がきく日本語の助詞よりも、はっきりとした意味と役割を持っているからです。

　たとえば、前章でも出てきたtoとforを見てみましょう。
toは、go to〜（〜に行く）、get to〜（〜に着く）、turn to the right（右に曲がる）、from Monday to Friday（月曜日から金曜日まで）というように、到達点や方向がはっきりしている場合に使います。また、face to〜（〜に直面する）というように対象と向かい合っている場合にも使えます。

　それに対して、forは、wait for〜（〜を待つ）、look for〜（〜を探す）、go for a walk（散歩に出かける）、a present for you（あなたへのプレゼント）というように、何かやだれかを追い求めたり、対象のことを考えて何かをする、というような場合に使います。

前に出てきたI bought a doll for my daughter.（私は娘のために人形を買ってあげた）というのも、「娘のことを考えて」と解釈しても構いません。

ですから、toを使う文が事実のみを述べたドライな文になりがちなのに対して、forを使う文章は人間の感情がこもったウェットな文になりがちです。

「待ってみたけど、現れない」、「探したけど、見つからない」、「散歩に出かけたけど、途中で仕事が入って呼び出された」というように、悲劇的な結末になる可能性があっても、何かやだれかを思っている時に使うのが、forなのです。

もう一組、私たちが間違えやすい前置詞にbyとwithがあります。

byは「～によって」とよく訳されます。後で習う受け身でよく使う前置詞ですね。受け身の場合は、ある動作がだれによってなされたのかをあらわすことができます。

「よって」という言葉を漢字変換してみると、「依って」「拠って」「縁って」「由って」というふうに、いくつもの漢字があることがわかります。byもこれと同じでいろんな意味にヴァ

リエーションがあります。

　日本語の「依って」の「依」の字が「依存する」の「依」と同じように、byの基本的なイメージは、何かによりかかるということです。

　場所をあらわす場合、それは、「～の近くに、そばに」という意味になります。by the window（窓のそばに）、stand by～（～の味方になる）といった言い方はこれにあたります。

　バスや電車など交通手段をあらわす時にも使います。交通手段に依存しているのですね。by bus（バスで）、by train（電車で）、by plane（飛行機で）といった言い方ができます。

　これが時間の話になると「～までに」という締め切りをあらわす言葉になります。「締め切りに依存している」というと変に聞こえるかもしれませんが、人間、締め切りが設定されないと、なかなか仕事がはかどらないものです。「いつでもいい」と言われてしまうと、逆に困ってしまうのですね。私も今まさに、締め切りに依存しながら、この本の執筆を進めています。

　ここで注意してほしいのは、by（～までに）とuntil（～まで）の違いです。

　締め切りを示すbyは、I have to finish the work by tomorrow.（私は明日までにその仕事を終わらせなければならない）というように、finishという動詞と相性のいい表現です。

それに対して、untilは、ある時点までずっと何かをしているという時に使う前置詞です。byとは違って、finishとは相性が悪く（ずっとfinishするということはできないから）、studyやdoなど継続できる動作をあらわす動詞と相性がいいのが特徴です。

よく考えてみれば、日本語でも、締め切りをあらわすときは「〜までに」、ある時点までずっとということをあらわすときは「〜まで（ずっと）」と使い分けていますよね。それと同じことです。

byには他にもいろんな意味がありますが、基本的なイメージは「依存（よりかかり）」だということを覚えておきましょう。

一方のwithですが、これは何かに接触している、というのが基本的なイメージです。

ですから、交通手段とは違い、手で持つような道具はwithを使います。write with a pen（ペンで書く）というのが代表的ですね。

手で持つのに限らず、「〜を（接触した形で）持っている」という場合でも使えます。a girl with long hair（長い髪の女の子）、a dog with a black nose（黒い鼻の犬）といった言い方です。相手が人の場合は、「〜と一緒に」という意味になります。手をつないで一緒にしている、というイメージですね。ただし、

あくまで「手をつなぐ」というのはイメージで、play tennis with him（彼と一緒にテニスをする）のように、実際につないでいない場合もあります。

Take an umbrella with you.と言えば、「傘を持って行きなさい」という決まった言い方ですが、直訳すると、「傘をあなたに接触させて（あなたの身につけて）持って行きなさい」という意味になります。おもしろいですね。

このようにそれぞれの前置詞が持つ基本的なイメージを覚えてしまえば、後は恐れることはありません。

16章　列車はどこで停まるのか

　もう少し、前置詞の勉強を続けましょう。
　at、on、inの3つの前置詞は、場所や時間をあらわす際、日常的に使う言葉です。
　この3つの使い分けについては、以下のようにセットで考えるとわかりやすいと思います。

場所・空間	時間
at the station（駅で）	at seven（7時に）
on the road（路上で）	on Sunday（日曜日に）
in the sky（空中で）	in July（7月に）

　atは線路を走っている列車が駅に停車するように、「線上の一点に止まる」というイメージを持っています。「動いているものが一点で止まる」というイメージなので、時計の針が動いていって、ある時刻になる際にも使うことができます。

　それに対して、onは「面に接している、くっついている」というイメージです。onはよく「〜の上に」と訳されますが、a picture on the wall（壁にかかっている絵）のように面に接してい

れば、上下左右に関係なくonであらわすことができます。「何曜日に」とか「何月何日に」と言いたい場合は、カレンダーに日程を書き込むようなイメージなので、onを使います。それぞれの日に予定がくっついているという感じですね。on timeと言えば、「時間通りに」という意味です。

　onの反対語はoffで、これは逆に何かから「離れていく」という状態をあらわします。turn on the light（電気をつける）の反対は、turn off the light（電気を消す）です。これも「くっつける」⇔「離す」というイメージにあってますね。

　最後にinですが、atが一次元的なイメージ、onが二次元的なイメージだとすれば、inは三次元的なイメージだと言うことができます。「ある空間の中にいる」イメージですね。特定の空間の中にいる場合や、「何月に」とか「何年に」とか「何世紀に」と言いたい時にはinを使います。さっきのon timeに対して、in timeと言えば、「(時間内に) 間に合って」という意味になります。

　ただ、atとinの使い分けは結構複雑です。

　たとえば、at schoolとin the schoolの違いはわかるでしょうか。in the schoolが「学校の敷地内にいる」という意味なのに対して、at schoolと言えば、その建物の中にいるだけでなく、

「学校という役割を持ったところにいる」というような意味になります。

atにはat homeのように、「〜というところにいる」という意味を持つ場合があります。冠詞（theやa）を除いたat homeやat schoolは、「家庭（または故郷）というところにいる」、「学校というところにいる」というように、特定の役割を持った場、さまざまな人の思いが集まる場にいる、というニュアンスを持っているのです。

駅に停車するのが、at the stationになるように、人生という列車がhomeやschoolに一時停車していると想像したらいいかもしれませんね。

だとすれば、「朝に」がin the morningなのに対して、「夜に」がat nightなのも、わかるような気がしませんか？

列車が夜霧の中に停車するように、夜には特定の役割があり、そこはさまざまな人の思いが込められた場所なのです。

コラム

everyは単数扱い

単数か複数かを間違えやすい単語にeverythingがあります。

「全部」という訳の連想から複数扱いにしてしまいがちですが、Everything is OK.というように単数扱いです。「全部」というより「どの一つも」という感じですね。

everyoneもeverydayもeveryのつくものは全部単数扱いです。

また「それぞれ、おのおの」を表すeachも単数扱いです。

17章　魚を持ち運ぶ方法は…

さてこれまでいろんな魚の種類や捕まえ方を見てきました。でも忘れてはならないのは、「川に立つ人（主語）しか魚（一般動詞）を捕まえられない」という大原則です。

文法用語を使うと、主語（S）が来て、動詞（V）が来る、という関係です。

主語（S）→動詞（V）
　だれが　　　　ドウスル

動詞の後に何が来るかは動詞の種類によって違うのでした。

でも魚（動詞）を別のところで使いたい時もあります。でも基本的にそのままの形（原形）では、魚がピチピチはねるので、持ってくることができません。

魚を持ち運びやすくするためには、特殊な取り扱いを学ばなければならないのです。

その方法は3とおりあります。それぞれ取り扱い方によって、意味も変わってきます。

1. 不定詞（to＋動詞の原形）：これは魚を水槽に入れて運ぶよ

うなものです。

2. ～ing 形：これは魚を瞬間冷凍させたものです。

3. 過去分詞形：これは魚をまな板の上でさばいたようなものです。

　このように、瞬間冷凍させたり、水槽に入れたり、まな板の上でさばいたりすれば、魚をあちこちに持ち運んで使うことができるのです。
　ではそれぞれの使い方について、見ていきましょう。

18章　魚を水槽に入れてみました

魚を持ち運びしやすいように水槽に入れたのが不定詞です。水槽に入れたので、生（原形）のまま持ち運びすることができ、いろんな使い方をすることができるようになります。

不定詞の意味を考える上で重要なのは、toの存在です。

toって一体何でしょう？すぐに思いつくのは、以下のような例文です。

I go to school.

この場合のtoは前置詞で、「〜へ」、「〜に」と言うように、目的地や目標地点を示しています。「どこに向かうか」を指し示すのが、「to〜」です。

前置詞のtoと不定詞のtoは、使い方は違いますが基本的な意味は同じです。「同じ形のものは同じ意味」というのが、英語の基本だからです。

なので、「to ＋動詞の原形」のtoも「どこに向かうか」を指し示しています。

これが一番はっきりわかるのは、名詞的用法と呼ばれるものです。

名詞的用法　これから〜すること

want to〜　「〜したい」
try to〜　「〜しようとする」
hope to〜　「〜することを望む」

これらの動詞の後に来る不定詞は、すべて「これから〜すること」を意味しています。

I want to play soccer.という文は、「私は」→「欲する」→「その気持ちはどこに向かうか」→「これからサッカーをすること」、という思考の流れによってできているのです。

不定詞には、他に副詞的用法と形容詞的用法があります。

これらの用法でも、toは「どこに向かうか」ということを示しています。そこでは「これから〜する」という名詞的用法の意味から少し広がって、実際の動作ではなく話し手の思考の流れが「どこに向かうか」ということがポイントになっています。

副詞的用法　〜するために、〜して

He went to England to study English.
「彼は」→「行った」→「どこへ向かったか」→「イングランドへ」→「そりゃまたどうして？」→「英語を勉強するためだよ」

　「イングランドへ行った」と言うだけでは、なぜ行ったのかがわからず、説明不足の感じがあります。思考の向かう先を示すために不定詞を持ってきているのです。

　同じことは次の文でも言えます。
I am glad to see you.
「私は」→「嬉しい」→「そりゃまたどうして？」→「あなたに会えたから」

　形容詞的用法の文でも同じことが言えます。

形容詞的用法　〜すべき、〜するための

I want something to drink.
「私は」→「欲しい」→「何かを」→「そりゃまたどういう？」→「飲むためのだよ」

I have a lot of homework to do.
「私は」→「持ってる」→「たくさんの宿題を」→「そりゃまたどういう？」→「やらなくちゃならないのだよ」

　最初に述べたように、英語の思考は必ず「左から右へ流れる」ようになっています。

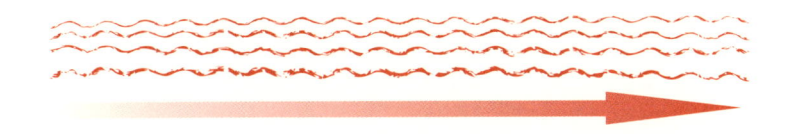

　この思考は、「だれが（主語）」→「ドウスル（動詞）」というところから始まりますが、常に足りない情報を求めて、先へ先へと進みます。
　to＋動詞の原形はこの思考の進む先を示しているのです。

　この基本的な意味を押さえておけば、「このtoは、『〜するために』のtoだっけ、それとも『〜すべき』のtoだっけ？」と思い悩む必要はなくなります。「思考がどこに向かうのか」を考えていけば、不定詞の文は自然に訳せるようになるでしょう。

19章　水槽のいろいろな使い方

前章で、不定詞の基本的な意味は、「これから〜する」であり、思考の流れを指し示すために使われることもあると学びました。

英会話でよく使う以下のような熟語も、toの意味を踏まえると理解しやすくなります。

be going to〜　〜するつもりだ。〜する予定だ。

willが「これからのことについての今の気持ちや判断」を示すのに対して、be going to〜は、「to〜（これから〜すること）」に「be going（今まさに向かっている）」わけですから、もっと確実性が高いニュアンスになります。

We are going to have a test tomorrow.（明日はテストの予定だ）

have to〜　〜しなければならない

mustが「何としてでも〜しなくちゃ」という話し手の内面から湧き出るイメージがあるのに対して、have to〜は、「to〜（これから〜すること）」を「have（持っている）」状態ですから、「〜することになっているから（しないとまずいので）〜しなければ」というニュアンスになります。

We have to do our homework.（宿題をしなくちゃ）

be able to〜　〜することができる

　canが「〜する能力がある」という意味の「できる／できない」を問題にするのに対して、be able to〜は、「to〜（これからすること）」が「be able（可能な状態）」になるということですから、「努力してできるようになる」というニュアンスになります。「未来への意思」を示すwillをくっつけると、will be able to〜で「これから〜できるようになるつもり（そのために努力するよ）」というニュアンスになります。

I will be able to swim faster.（もっと速く泳げるようにするよ）

　また、疑問詞と不定詞がくっつくと、それぞれの疑問詞の意味と「これから〜する」という不定詞の意味がくっついて、以下のような意味になります。

what to〜　これから何を〜するべきか
where to〜　これからどこへ〜するべきか
when to〜　これからいつ〜するべきか
which 名詞 to〜　これからどの…を〜するべきか
how to〜　どうやって〜するべきか（〜をする方法、仕方）

I don't know what to do.
「私は」→「わからない」→「これから何をするべきか」

　不定詞はitで始まる文を作ることもできます（このitについては後の章でも取り上げます）。
It is difficult for me to speak English.
「それは」→「難しいよ」→「私にとってね」→「そりゃまた何だい？」→「英語を話すことさ」

　ここでも、不定詞は「思考がどこに向かうか」を指し示していますね。

　有名な「too～to～」構文も以下のように考えれば簡単です。
I am too tired to walk.
「私は」→「疲れすぎだよ」→「そりゃまたどんなふうに？」→「これから歩くには」

20章　魚を瞬間冷凍してみました

では次に〜ing形を見ていきましょう。
〜ing形は、ピチピチしている魚を瞬間冷凍したように「今まさに〜している（こと）」という意味になります。

〜ing形は、学校の英文法では現在分詞と動名詞という2つの名前を持っています。

ではネイティブはこの2つを区別しながらしゃべっているのでしょうか？

答えはNOです。「同じ形のものは同じ意味」というのが基本だからです。

現在分詞と動名詞の違いは、意味の違いではなく、使い方の違いでしかありません。

以下にその違いを見ていきましょう。

1、他を説明する用法（現在分詞）

　〜ing形は、いろんなものを説明することができます。
　名詞を説明するときは、「〜ing形だけなら、名詞の前」、「2語以上なら、名詞の後ろ」から説明する、というお約束があります。
a flying bird（飛んでいる鳥）
a bird flying in the sky（空を飛んでいる鳥）

　be 動詞の後につくと、「・・・が〜している（していた）」という進行形の文になります。
「だれが（何が）」→「いるよ」→「〜シテイルという状態で」という語順ですね。

主語 be動詞　〜ingという状態で　その他の情報

The bird is flying in the sky.
「その鳥は」→「いるよ」→「飛んでいるという状態で」→「空中でね」

2、名詞としての用法（動名詞）

　～ing形はこのように他のものを説明するのに使うだけでなく、単独で使うこともできます。

Playing soccer is a lot of fun.
(サッカーをするのはとても楽しい)

　Playing soccerの部分をTo play soccerにして、同じような文を作ることもできますが、～ing形を用いた方が、「今まさにサッカーをしていて、楽しいよ」というニュアンスになります。

　動詞の後につけることもできます。ただし、すべての動詞につくわけではありません。
　「後ろに～ing形がつく動詞（～ing形のみで不定詞はつかないもの）」として中学レベルで覚えておかなければならないのは、次の3つです。

stop ～ing（～するのをやめる）
enjoy ～ing（～するのを楽しむ）
finish ～ing（～するのを終える）

　いずれも「今まさに～していること」をやめたり、楽しんだり、終えたりする、という話ですね。hope to～、want to～など「これから～すること」を意味する不定詞と対照的です。

高校レベルになると、「後ろに〜ing形がつく動詞」として覚えなければならないものはさらに増えますが、この原則は変わりません。「今まさに〜していることをどうするのか」ということについて言いたい動詞には〜ing形がつくのです。

21章 魚をさばいてみました

　最後に覚える魚の取り扱い方法は、過去分詞です。これは、まな板の上で魚をさばいちゃいました、というイメージです。

　過去分詞の基本的な意味は、「〜しちゃいました」ということです。

　過去分詞は〜ing形と同じように、名詞を説明することができます。

　〜ing形と同じように、「過去分詞だけなら、名詞の前」、「2語以上なら、名詞の後ろ」から説明する、というお約束があります。

a broken glass（割れたガラス）

a glass broken by Ken（ケンによって割られたガラス）

　〜ing形がbe動詞の後に来ると現在進行形をあらわすように、過去分詞もbe動詞の後に来ることができます。これがいわゆる受け身の文です。

The glass was broken by Ken.
「そのガラスは」→「あったよ」→「割れちゃったという状態で」→「ケンによってね」

　過去分詞の基本的な意味は、「〜しちゃった」ということですが、by…と一緒に使われると、ある動作の完了がだれによってなされたのかということが示されて、「…によって〜される」という受け身の意味になります。

　ここで気をつけたいのは、過去分詞自体の意味はある動作が完了しちゃった、ということであり、結果としてそれが受け身の意味になることはあっても、「be動詞＋過去分詞」のすべてが「〜れる、〜られる」という意味を持つわけではない、ということです。

　日本の中学校では、「以下の文を受動態にせよ」とかいう問題をむやみやたらとさせる傾向にありますが、実際にbe動詞＋

過去分詞の文が使われるのは、主語（ここではthe glass）に何らかの作用が及ぼされて、影響があった場合に限られます。

　The glassがどういう状態になったのか言いたいというのが先にあって、その状態がだれによってなされたのかをby〜によって言う、ということです。

　なぜこの点を強調するかと言うと、「be動詞＋過去分詞」＝「受け身」というような機械的な覚え方をしてしまうと、次に習う現在完了形（have＋過去分詞）の過去分詞と、「be動詞＋過去分詞」の過去分詞がまったく同じものである、ということを忘れてしまうからです。

　「同じ形をしたものは同じ意味である」という基本を押さえないで、機械的な覚え方をしていると、現在完了形においても、「3つの用法を暗記しよう」という機械的な覚え方しかできなくなります。それではますますネイティブの発想から遠ざかるばかりであり、まず何よりも知識が定着しません。マル覚えしたものは、忘れるのも早いからです。

　理屈が長くなってしまいました。現在完了形は本来、ここで扱うべきものですが、重要なので別に章立てして考えていきましょう。

コラム

byにならない受け身

　私たち日本語の世界に暮らす者にはわかりにくいのですが、英語には人や動物以外が主語になる「無生物主語」の文というのがたくさんあります。

　そんな時、よく使うのがinterest（興味をひきつける）、surprise（驚かせる）などの動詞です。The news surprised me.（ニュースが私を驚かせた）というような言い方をします。

　これらの文を人を主語にして言い換える時、by以外の前置詞がよく現れます。be interested in～（～に興味がある）、be surprised at～（～に驚く）という言い方です。「興味」は没入する感じなのでin、「驚愕」はピンポイントの感じなのでatになるのですね。

22章　さばいた魚を持っています

　前章で、過去分詞は「まな板の上で魚をさばいちゃいました」というイメージだと言いました。この魚は、今でこそさばかれちゃっていますが、さっきまでピチピチしていた様子が残っている、イキのいい魚です。

　その過去分詞の前にhaveがついたのが現在完了形です（ただし、一般動詞の過去分詞だけでなく、be動詞の過去分詞形であるbeenがつく場合もあります）。

　ここでhaveの意味を改めて考えてみたいのですが、haveは「～を持っている」の他に、「～を食べる・飲む」、「～を経験する」という意味になることがあります（資料篇も参照のこと）。共通するのは、「自分のものにする」ということですね。

I had lunch at noon.（正午にお昼ごはんを食べました）

Have a nice trip!（いい旅をしてね）

　ですからhave＋過去分詞形は、「ピチピチはねていた魚を私

がさばいて、そのさばいた魚を今、自分のものとして持っています」ということを意味します。過去から続いてきた動作(魚)の結果が今、自分のものとしてここにある、ということですね。

日本語の世界に生きる者として注意しないといけないのは、現在完了形と過去形の違いです。
過去形の魚(動詞)は「魚拓」になっていると言いましたね。

魚拓は「かつてここに魚がいた」ことをあらわしていますが、その魚が今どうなっているのかはわかりません。過去形は「いついつ〜した」ということをピンポイントで示しているだけなので、そこから時間の流れを感じることはできません。

それに対して、現在完了形では、「ピチピチしていた」過去から「まな板の上」にいる今の魚までを見通すことができます。過去から現在に至る時間の流れが見通せるのですね。これが過去形との大きな違いです。

たとえば、I fell in love.とI have fallen in love.というのはどちらも「恋に落ちた」という意味ですが、過去形だとさばさばと過去を振り返っている印象なのに対して、現在完了形で言うと、

「今も落ちっぱなし」という印象になります。

　現在完了形は「ピチピチはねていた魚を私がさばいて、そのさばいた魚を今、自分のものとして持っています」という意味だと言いました。この説明はやたらと長いのですが、その長い説明のどこにポイントを置くのかによって、現在完了形の意味は微妙に変わってきます。それは大きく分けて3つあります。

1. 完了・結果：「～してしまった」、「～したところだ」

　今の時点にフォーカスをしぼると、「もう魚をさばいちゃったよ」という「完了・結果」の意味になります。これはalready（すでに）、just（ちょうど）、yet（否定文では「まだ」、疑問文では「もう」）などの語と一緒に使われます。

Have you finished your homework yet? （もう宿題終わった?）
I have lost my watch. （時計をなくしてしまった）

2. 継続：「ずっと～している」

　魚が「ピチピチしていた」頃に着目すると、過去から流れが続いているという「継続」の意味になります。これはfor（～間）、since（～以来）などの語と一緒に使われます。

I have known him since I was six. （6歳から彼を知っている）

3. 経験：「〜したことがある」

「完了」と「継続」は時間の流れのどちらに視点を置くかの違いですが、どちらもまな板の上の魚（過去分詞）に注目している点では同じです。ですが、動作をしている人がそういう魚を「自分のものにしている（have）」という点に着目すると、「経験」の意味になります。魚と格闘してきた歴史が体に刻まれている、と言っていいでしょうか。ここでは、never（決して〜ない）、once（かつて、一回）などの語がよく一緒に使われます。

I have never been to Okinawa.（沖縄に行ったことがない）

以上、3つの意味の微妙な違いを説明してきましたが、気をつけたいのは、この3つの分け方は、日本語に訳す際の便宜的な分け方に過ぎない、ということです。おそらくネイティブは、「これは完了か、それとも継続か」とか考えているわけではなく、先に述べたイメージだけを持って、現在完了形を使っているのだと思います。

なので、3つの意味はあくまで便宜的なものとして覚え、意味がわからなくなったら、本来のイメージに戻って考えるようにするのがよいでしょう。

COLUMN

goneは「行ったきり」

　「〜に行ったことがある」はhave been to〜を使うのですが、have gone to〜となると、「行ってしまった（だから今はここにいない）」という意味になります。

　『風と共に去りぬ』という映画の原題は"Gone with the wind"です。goneという言葉は、あの世に行ってしまった場合にも使います。

　goneは、「行ったきり」ということを覚えておきましょう。

23章　アレだよ、アレだと言いたい時は

　ここまで魚（動詞）の取り扱い方をいろいろ学んできました。ひととおりマスターしたところで、次は名詞とそれにまつわる言葉を勉強していきましょう。

　まずは英語を学ぶ人たちの多くを悩ませてきた冠詞の話です。a/anとtheの区別ですね。
a/anとtheの区別はややこしくて、厳密に説明しようと思うとそれだけで一冊の本になってしまいます。ここでは一番基本的な原則だけ学びましょう。

　この区別をするためには、最初に説明した英会話の基本構造を思い出す必要があります。

＊英語の会話イメージ

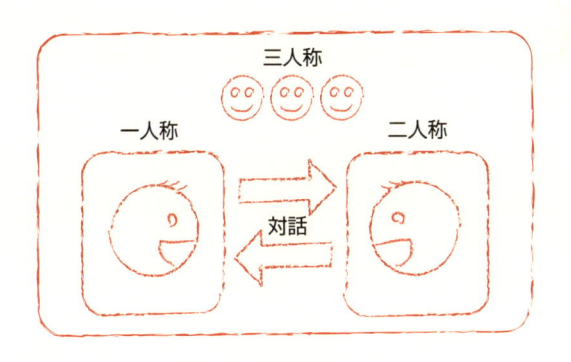

一人称と二人称が向き合う世界。それが英語の世界でした。

　a/anとtheの違いは、私（たち）＝一人称があなた（たち）＝二人称に向き合う時に発生します。私たちはよく「この名詞には、a/anをつけるのか、theをつけるのか」と悩みますが、この発想はそもそも間違いです。なぜだかわかりますか？

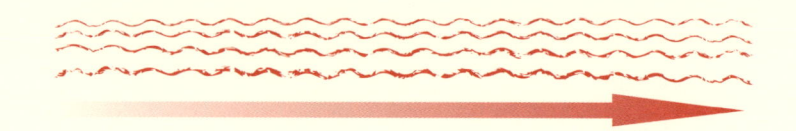

　そうです。英語の思考は「左から右に流れる」ので、名詞ではなく、a/anかtheが名詞より先にあるのです。

　つまり、ネイティブの人が、This is a…とか、This is the…とか言う際、モノより先にaとかtheのイメージがあります。その違いはずばり、「私（一人称）が向き合っているあなた（二人称）が了解しているかどうか」です。

　theは相手（二人称）が了解しているものを指している時に使われます。theの語源はthatと同じなので、日本語で言うと、「アレ」になります。

　This is the…というのは、「これはホラ、あなたも知ってるアレだよ、アレ」と言っているのです。

それに対して、相手（二人称）が了解していなくて、ひとまとまりのイメージがあるものはaやanになります。

aは、後に続く名詞の頭が母音（a,i,u,e,o）で始まる時は、anになりますが、実はaがanになったのではなく、anが先にあり、nが脱落してaになった、という説があります。ではそのanは、何から来たかというと、oneだと言われています。

a ← an ← one

This is a…と言っている時には、マンガの吹き出しみたいなポワンとした「ひとまとまり」のイメージが浮かんでいるのです。

これはあくまで「ひとまとまりのイメージ」であって、厳密な意味で1つのものとは限りません。peopleは普通、冠詞をつけずに「人びと」を指しますが、a peopleと言うと「ひとまとまり」のイメージになって、「民族」という意味になります。「長い時間」というのも、時間をひとまとまりとしてとらえているので、for a long timeになります。

よく「一回目に出てくる時はaで、二回目以降はthe」という覚え方がありますが、一回目でも相手がわかっているものであ

ればtheをつけます。「空（the sky）」とか「地球（the earth）」とか「太陽（the sun）」は1つしかないものなので、いつでもtheをつけます。指で指したりしてモノを指定して言う時も、相手がわかりますので、最初からtheを使うことができます。

The pen on the desk is mine.（その机の上にあるそのペンは私のだよ）

aとtheの違いは、oneとitの違いに似ています。oneは数字だけでなく、同じ名詞を繰り返さない時に使います。次の2つの意味の違いがわかるでしょうか。

1. My watch was stolen.So,I bought a new one.
2. My watch was stolen.So,I bought it.

1は、「私の腕時計が盗まれたので、新しいのを買った」という意味になります。oneは「腕時計（という種類のもの）」を指しています。

2は、「私の腕時計が盗まれたので、その時計を（探し出して）買った」という意味になります。泥棒を見つけ出したのか、盗品市場で探したのかわかりませんが、とにかく「盗まれたその時計」を買った、という意味になります。

ここのitはthe watchと言い換えてもかまいません。

「なんとなく相手と了解していること」を前提に言葉を話す

日本語の世界の住人にとって、「あるモノが特定されているのか、特定されていないのか」をはっきりさせないと気がすまない英語の世界の約束は慣れないものです。

　でも英語の世界の住人になるためには、常に相手と向き合って、「相手も知ってるアレ」なのかどうか区別しないといけないのです。

24章　This is a pen.と言うのはいつ？

前章ではa/anとtheの区別を習いました。
では以下の4つの文の区別を考えてみましょう。

① This is a coffee.
② This is the coffee.
③ This is my coffee.
④ This is coffee.

①は、コーヒーをひとかたまりにとらえた言い方です。コーヒーは液体なので、厳密にはa cup of coffeeというのが正解ですが、実際に日常会話では、one coffeeとかtwo coffeesという数え方をしています。原理原則よりも、言いやすい方に流れてしまうのは、どこの国の言葉でもあるようです。

②は、「ほら、アレだよ。あのコーヒー」という言い方です。たとえば、前置きとしてウンチクをたくさん述べた後に、「これからお出しするのが、そのコーヒーです」というような場合です。

③は、だれのコーヒーかということを説明しています。このようにmyとかyourとかmy father'sとか所有者が決まっている

場合は、aもtheもつけることができません。

④は、成分としてのコーヒーに着目しています。「カップの中身が紅茶かと思ったら、コーヒーだった」というような場合に使います。

このように名詞には、① a/anがつく場合（ひとかたまりでとらえる時）、② theがつく場合（特定のアレと言いたい時）、③ 所有格がつく場合（だれかのものと言いたい時）、④ 何もつかない場合（成分としてとらえる時）の4つのパターンがあります。

ところで、昔使われていた中学英語の教科書は、This is a pen.という文から始まっていたと言います。さすがに今はそういう教科書はなくなりましたが、よく考えると、これはヘンな文です。

実際の会話の場面で考えてみましょう。だれかがいきなりあなたにペンを見せながら、"This is a pen"と話しかけてきたら、あなたはどう思いますか？

「そんなの、言わなくても知ってるよ！」とツッコミたくなりますよね。

だから実際の会話では、"This is a pen"という文はあまり使われません。

ただ、一見全然ペンに見えないモノがある場合には、"This

is a pen"と言うかもしれません。「リップクリーム型のペン」とか、「消しゴム型のペン」とかを示しながら、「実はこれはペンなんだよ」と言う場合です。

それに対して、"This is the pen"とか"This is my pen"はわりと使われる文です。ただコーヒーと違って、「何かの成分がペンでできている」というケースはあまり考えられないので、"This is pen"とは言いません。

どこかのアーティストがたくさんのペンを部品にして、「ペン製の巨大なオブジェ」かなんかを作っていたら、もしかして"This is pen"というかもしれませんが、普通では見かけない文です。

話を戻して、会話で"This is a pen"と言わないとしたら、a penという言葉はどういう場面で会話に出てくるのでしょう。

「1本のペン」であることは、「見ればわかる」ことなので、それだけを相手に言おうとする人はあまりいません。何かを相手に話すということは、情報を伝えるのが目的ですから、「1本のペン」以外の情報を伝えなくてはなりません。

たとえば、このような文なら使えるでしょう。

A pen is on the desk.（1本のペンが机の上にある）

でも、会話でいきなり、A pen is…と言い出すのも、ちょっと唐突な感じがあるかもしれません。

その場合、以下のような形にするのがいいでしょう。

There is a pen on the desk.（机の上に1本のペンがある）

ペンが2本以上だと、それにあわせてisがareになります。

There are some pens on the desk.

thereというのはもともと、「そこ」という意味の単語です。ちなみに、「ここ」はhereなので、「ここに〜がある」と言いたい場合は、Here is 〜と言うこともできます。

でも、There is/are〜と言う場合のthereは、本来の「そこ」という意味から広がって、「〜がある」、「〜がいる」という話の「前フリ」として機能しています。そういう場合のthereはあえて言うなら、「これから私が話す空間」ぐらいの意味になっています。

過去の場合は、is/areの代わりにwas/wereを使います。
There was an old man in a village.（ある村に年老いた男がいました）と言えば、「昔話」の出だしのようになります。

There is a pen on the desk.という文の疑問文をつくる場合は、thereが主語であるかのようにひっくり返せばよいことに

なっています。

Is there a pen on the desk ?

　前にも言いましたが、英語というのは私たちが思っている以上に、「相手に親切に説明しよう」とする言語です。

　相手がすでに了解しているものにはtheをつけ、そうでないものにはつけないのも「親切心」から来ていますが、There is/are〜という表現も、「これから『〜がある（いる）』という話をするよ」という合図になっており、これも親切心からできた表現だと言えます。

　日本語の世界の住人は、相手を「身内」だと思って話しているところがあります。だから、「春はあけぼの」に代表されるように、「このくらいは相手もわかっているはずだから省略してしまえ」となってしまいがちです。

　それに対して、英語の世界の住人は基本的に相手を「他人」だと思っています。たとえ相手が自分の子どもであろうと、「別人格」だとみなして、独立した人格として接します。相手を他人だと認めるところから出発しているので、「言わなくてもわかりあえる」という発想はありません。だから話す言葉の中で、親切に説明しようとするのです。

コラム

週に8日もアイシテル

　冠詞のa/anには、「〜につき」という意味もあります。

　once a monthで「月に1回」、twice a weekで「週に2回」という意味になります。

　ビートルズ（The Beatles）の歌に"Eight days a week"というのがあります。これは「週に8日間、君を愛してるよ」と歌っている歌です。

　ビートルズの歌はどれもそうですが、この歌は特に簡単な英語で書かれているので、カラオケにぴったりです。

　「英語カラオケデビュー」にはオススメの一曲ですよ。

25章　「美しい絵」と「絵は美しい」

　前章で例文に出したThere is a pen on the desk.という文章の後にどういう文が続くか、考えてみましょう。

　たとえば、The pen is new.（そのペンは新しい）とか、The pen is long.（そのペンは長い）と言うように話を続けることができます。

　このように、あるものの状態を説明する時に使う言葉を形容詞と言います。

　newもoldもlongもshortも形容詞です。

　形容詞には、The pen is new.のように形容詞単独で使う場合と、I bought a new pen.のように「形容詞＋名詞」という形で使う場合があります。

This is a beautiful picture.（これは美しい絵です）
　　　　形容詞 + 名詞
This picture is beautiful.（この絵は美しい）
　　　　形容詞単独

　これをさらに、「なんて美しいんだ！」と感情を込めて言う場合はどうすればいいでしょうか。

「なんて～なんだ」という文を感嘆文と言いますが、これも上にあげた2つのタイプによって、形が変わってきます。

＊形容詞＋名詞の場合
　This is a beautiful picture.（これは美しい絵です）
→What a beautiful picture this is!
　（なんて美しい絵なんだ、これは！）

　「美しい絵」を強調することになるので、Whatを先頭にして、先に「美しい絵」の部分（形容詞＋名詞）を言ってしまい、その後で残ったものを付け足す形になっています。
　ちなみに複数形の場合はaが取れて、以下のようになります。thisが複数形のtheseになっていることにも注意しましょう。

What beautiful pictures these are!
（なんて美しい絵なんだ、これらは！）

　一方、形容詞単独の文の場合はWhatではなく、Howから始めます。

＊形容詞単独の場合
This picture is beautiful.（この絵は美しい）

→How beautiful this picture is!
　（なんて美しいんだ、この絵は！）

　ここでは、強調したいのは「美しい」（形容詞）の部分だけなので、How beautiful以外の部分はそのまま後ろに行っていますね。

　ところで、同じような形は副詞を強調したい場合にも使えます。形容詞は名詞を修飾することができますが、副詞というのは動詞など名詞以外のものを修飾するのが役割です。
　たとえば、She can swim very fast.（彼女は速く泳ぐことができる）のfastはswimを修飾しているので、副詞ですね。
　この文を「なんて速いんだ！」という感嘆文にするには、How fastから始めて、残ったものを後ろにつけるだけです。

　She can swim very fast.
→How fast she can swim!
　（なんて速く泳ぐことができるんだ、彼女は！）

　感嘆文は「強調したい部分だけ前に出して、後はそのままくっつける」というシンプルさが売りです。この形にいったん慣れてさえしまえば、後は楽勝でしょう。

26章　背が高いのはどっち？

　形容詞と副詞が出てきたところで、他のものと比較する言い方もマスターしてしまいましょう。

　まずは、as～as構文です。

He is as tall as I.（彼は私と同じくらい背が高い）

　as～as…で「…と同じくらい～」という意味になるのですが、これも、英語の川の流れに沿って、「左から右」の流れで考えてみましょう。

　実は前のasは後ろのasとは別モノです。

　前のasは、文法用語で指示副詞と言われるものです。日本語で言えば、「こう」「そう」「このように」「あのように」といった言葉がこれにあてはまります。

　as～as…は、so～as…と言い換えることができます。soはおもしろいことに、日本語の「そう」とほとんど同じ意味になります。

　He is so tall. というのは、「彼はそんなに背が高い」という意味になります。

He is as tall as I.の前半部、He is as tall…というのもこれと似たような意味です。前のasは「そんなに」「あんなに」くらいの意味だと考えられます。

では後ろのasは何でしょう？

Do as you like.（好きなようにしなさい）のasと同じ、接続詞のasです。「〜のように」「〜と同じように」という意味ですね。

つまり、He is as tall as I.という文は、「彼は」→「あんなに背が高い」→（そのレベルは）「私と同じように」という流れでできています。

ちなみにas Iの後にはam tallが省略されています。この文は、He is tall.とI am tall.を比べた結果を言っているからです。as meではなく、as Iになるのはそのせいです。

そんなこと言わずに、as〜as…＝「…と同じくらい〜」と覚えておけばいいんじゃないの？と言われるかもしれません。確かにそうなのですが、単純な記憶法には結構落とし穴があります。

たとえば、「彼は私と同じくらい多くの本を持っています」という文は英語で何と言うでしょう？

「同じくらい多くはas many asだから、He has as many as

…」としてしまうと間違いです。

正解は、He has as many books as I.

asとasの間は形容詞だけとは限らないわけです。

これも、「彼は」→「持ってる」→「あんなにたくさんの本を」→「私と同じくらい」という流れで考えると、わかりやすくなります。

比較級の文も同じように「左から右」に考えましょう。

He is taller than I.（彼は私より背が高い）

これも「彼は」→「より背が高い」→「私より」という流れになっていますね。

この文もIの後にam tallが省略されています。だからthan meではなく、than Iになっています。He is tall.と比較できるのは、I am tall.しかないという考えからです。このへんは英語は非常にうるさいと言うか、厳密です。

よく出る例文に「人口構文」があります。たとえば、「中国の人口は日本より多い」は以下のようになります。

The population of China is larger than that of Japan.

これをthan Japanにしてしまうと間違いです。「中国の人口」と比較できるのは、「日本の人口（populationという単語の繰り返しを避けてthatにする）」であって、「日本」そのものではな

いからです。うるさいですね。

　比較級はいつもthanと一緒に使うわけではなく、単独で使うこともよくあります。

　病み上がりの人が、I feel better today.（今日は調子が良い）と言うと、「以前に比べてbetter（goodの比較級）だ」という意味になります。than…というのがなくても、比較級を使っていることで、何かと比較しているということがわかるのです。

　比較級は形容詞や副詞にerをつければいいのですが、三音節以上の単語にはmoreを前につける形になります。difficultは、di-ffi-cultと分かれるので三音節、prettyはpre-ttyとしか分かれないので、二音節です。

difficult→more difficult

pretty→prettier（子音＋yの時はyをiに変えてer）

　でも、末尾がful、less、ousなどで終わる単語は二音節でもmoreがつくので、注意が必要です。

famous→more famous

　最上級の場合も、上とまったく同じ法則で、〜estとmost 〜に分かれます。

pretty→prettiest

difficult→most difficult

　He is the tallest in his class.（彼はクラスで最も背が高い）というふうに、最上級の文ではtheをお忘れなく。
　theは「アレだよ、アレ」というニュアンスを持つので、最上級のものを指す時には当然、「ほら、アレだよ、アレ、あの最も背の高い…」と言いたくなるのです。
　最上級を使う文では、後ろにin～、of～というのがよくつきます。
　クラスや家族（family）の中で、という場合はinを使います。
　それに対して、全員（全部）の中で、とか特定の人数（個数）の中で、という場合、of all や of the threeというようにofを使います。
　「～の中で」と訳すからと言って、in とは限らない、ということに注意しましょう。

27章　対抗戦を開催しました

　比較級と最上級の作り方を覚えたところで、よく出る構文についてもマスターしてしまいましょう。
　まずは、「意味は最上級なのに比較級を使う文」です。

Mt.Fuji is higher than any other mountain in Japan.
（富士山は日本の他のどの山よりも高い）

　「他のどの山よりも高い」ということは、要するにイチバンということです。「比較級＋than any other 単数名詞」という形で、事実上の最上級をあらわす言い方になります。
　ポイントは「単数名詞」。mountainsではなくて、mountainだと言うことです。
　なぜ単数になるかと言うと、比較級は「一対一の決闘」だからです。
　「一番高い山はどれだ！総当たり標高対抗戦」というのがあって、富士山が他の山と戦っていると想像してください。
　対抗戦のルール上、富士山は「その他大勢の山」といっぺんに戦うことはできないので、「富士山VS槍ヶ岳」や「富士山VS乗鞍岳」など「ひと山ずつ」と戦っていきます。

その結果、「他のどのひとつの山」より高いとわかるわけです。このあたりのこだわりも英語的な厳密さですね。

ちなみに「富士山は日本の他のどの山よりもずっと高い」と差を強調したい場合は、muchを使います。

Mt.Fuji is much higher than any other mountain in Japan.

「とても高い」はvery highなので、それからの連想でvery higherと言いたくなるところですが、veryは比較級や最上級にはつけることができません。もともとveryは「まさに」という意味なので、very highは「まさにhighそのもの」というニュアンスになります。「純度100％」というイメージですね。
　そのため、比較の差が大きいと言いたい場合にはveryは使えず、量の大きさを表すmuchを使うわけです。

もうひとつ、最上級を使った構文も覚えましょう。

Tokyo is one of the biggest cities in the world.
（東京は世界の中で最も大きな都市のひとつです）

こちらは、「one of the 最上級＋複数名詞」という形で、「最

も〜のうちのひとつ」という意味になります。ここではさっきと逆で複数にするのがポイントです。

なぜ複数にするかと言うと、one of 〜（〜のひとつ）と言っているからです。

ofは日本人が間違いやすい前置詞のひとつで、A of Bで「BのA」という意味になります。

では、one of themというのはどういう意味だかわかりますか？

themはtheyの目的格ですから、「彼ら/彼女ら/それらのうちの1人（ひとつ）」という意味になります。三人称複数にしてしまうと、人もモノも一緒くたになるのが英語の恐ろしいところです。

たとえば、ガールフレンドがボーイフレンドに、またはボーイフレンドがガールフレンドに、「私はただのone of themなの？」と言ったら、それはもう大変な修羅場です。同じセリフは飼い猫が飼い主に言うことも可能です。

横道にそれてしまいました。ここでのポイントは、one of 〜と言った場合、後半の〜の部分は複数になるということです。

Tokyo is one of the biggest cities in the world.というのは、「世界には『最も大きい』レベルの都市はいくつかあるけど、東京はそのうちのひとつだよ」という意味になります。

最上級を使ったからと言って、「唯一絶対のイチバン」ではない、ということに注意しましょう。

28章　もう繰り返すのはイヤなんです

　もう一度、形容詞の最初に戻りましょう。形容詞には、「形容詞＋名詞」で使う場合と、「形容詞単独」で使う場合がありました。

This is a beautiful picture.
This picture is beautiful.

　これは以下の2つの文の関係とよく似ています。ただしbeautifulは形が変わらないのに対して、以下の2つの文では単語の形が変わります。

This is my picture.（これは私の絵です）
This picture is mine.（この絵は私のものです）

　myは代名詞Ⅰの所有格です。所有格には、my、your、his、her などがありますが、いずれも「所有格＋名詞」の形で使います。所有格単独では使えません。
　それに対して、mineは所有代名詞という別の種類の仲間になります。mine、yours、his（これのみ同じ形なので注意）、

hersなどの形をとりますが、いずれも「〜のもの」という意味になって、単独で使われます。後ろに名詞を置いてしまうと、「〜のもの」＋「名詞」となってしまい、意味が通じなくなってしまうので、名詞は置かないようにしましょう。

　所有格が出てきたついでに、代名詞の勉強もしてしまいましょう。

　英語では、人の名前を繰り返すのを嫌い、二回目以降はふつう代名詞を使います。ものの場合も、たとえばa bookと言った後で、相手がわかってるなと思っている場合はわざわざbookという単語を繰り返さず、itで済ませてしまうことがあります。

　英語は他人である相手に親切に説明しようとする言語なのですが、一度説明してしまったことは逆に大胆に簡略化してしまうのです。

　代名詞には、主格・所有格・目的格がありますが、わかりにくいのは目的格です。

　主格は「〜は」、所有格は「〜の」、目的格は「〜を」か「〜に」という覚え方がありますが、必ずしもそうはならない場合もあります。ここではどういう場合に目的格を使うのか、きちんと覚えましょう。

　まず、ある動作の相手（対象）になる場合は目的格になります。

He likes her very much.（彼は彼女が大好きです）
I kicked him on the leg.（私は彼の足を蹴った）

　上の文の日本語訳は「彼女が」となっていますが、「好きな対象」が彼女なので、目的格を使っています。下の文では、日本語訳が「彼の」となっていますが、もともとは「蹴った」→「彼を」→「足の部分を」という形になっているので、やはり目的語を使います。こういう例文では、日本語訳だけに頼っていると失敗してしまいます。

　また前置詞の後も目的格です。これはいろんなパターンがあります。one of themのthemも目的格でしたね。

I played tennis with him.（彼とテニスをしました）
This is a present for you.（これはあなたへのプレゼントです）
The singer smiled at us.（その歌手は私たちに微笑んだ）

　I（主格）、my（所有格）、me（目的格）、mine（所有代名詞）と代名詞をおさらいしてきましたが、もうひとつ、myselfという形もあります。これは再帰代名詞と言って、「～自身」という意味を持っています。

I finished the work by myself.（私はその仕事を自分自身で終えた）

再帰代名詞は単数では、myself、yourself、himself、herself、itselfという形をとりますが、複数では、発音が「セルフス」ではなく「セルブズ」になります（ourselves、yourselves、themselves）。英語圏の人はfの発音の後にsの発音を言えないのですね。そのため、sの前でfの発音がvの発音に変化するということはよく起こります。knife（ナイフ）の複数形はknives、leaf（葉）の複数形はleavesになります。ついでに覚えましょう。

コラム

時計屋さんにて

　お店で時計を品定めしているとします。

　店員さんにひとつ見せてもらって、気にいらないので、「もうひとつ見せて」と言いたい時、何と言うでしょうか？

　ふつうは、Please show me another one.と言います。ポイントはanotherですね。

　anotherというのは「他にいくつかある中のどれかひとつ」という意味です。

　「コーヒー、もう一杯どう？」というのも、How about another cup of coffee？と言います。

　それに対して、お店に最初から2つしか時計が置いていなかった場合（つぶれそうな店ですね）、Please show me the other one.と言います。特定されちゃうので、theをつけるのですね。このように、「（2つのうちの）もう一方」というような場合、the otherを使います。

29章　偉大な偉大なit様

　代名詞を一通りマスターしたところで、いろんなところに出てくるitも使えるようにしましょう。

　itは本来の「それ」という意味の他にいろんなところに出没します。

　たとえば、こんなところ。

It is very interesting to study English.
（英語を勉強することはとてもおもしろい）

　この文はもともと、To study English is very interesting.という文だったのが、頭でっかちになるのを嫌がるという英語の神様の性格によって、======部が後ろに追いやられてしまいました。でも、さすがに頭がナシというわけには行かないので、======部の代わりにitが置かれたというわけです。こういうitを形式主語と言います。

　ですが、「左から右に流れる」という英語川の流れを考えれば、この文を以下のように説明することもできます。

　「それは」→「とても面白いよ」→「何がかと言えば」→「英語を勉強することさ」

「それは面白いぜ」と最初に相手を引きつけておいて、面白いものの中身を後で言うわけですね。

　何もないところにスポットライトをあてて、後からタレントが登場するような感じでしょうか。

　itにこのような芸当ができるのは、実はitが太陽神だからです。

　「おいおい、魚がどうだとか、市民革命がどうだとか言ってたけど、今度は宗教かよ」と言わないでくださいね。

　次の3つの例文を見てください。

What time is it now？（今、何時ですか）
It is getting very dark.（とても暗くなってきています）
It is fine today.（今日は天気が良い）

　このようにitは、「時間」、「明暗」、「天気」を意味することができます。

　時間や明暗や天気を操るもの。それは太陽ですよね。

　だから、itは太陽神だと言えるのです。太陽神を崇めた古代インカ帝国のお話みたいですね。

　itは「距離」を表すこともできます。

It is a long way from here to London.
（ここからロンドンまでは長い道のりだ）

これも太陽神が地球の外側から私たちを眺めているから距離を測ることができるのですね。
　以上、ありがたいit様についてのお話でした。

30章　「説明しよう！」と気合を入れて

　そろそろ英文法の解説も一番難しいところにさしかかってきました。最後に、日本の学生たちの頭を悩ませる関係代名詞を勉強していきましょう。

　関係代名詞がなぜ難しいのか？それは第一に、関係代名詞にあたるものが日本語にないからであり、第二に、日本語と語順が逆さまになっているからです。

　具体的に見ていきましょう。

　たとえば、This is the boy.という文があります。

　これだけだと簡単ですが、その男の子がどういう男の子なのかを詳しく説明したくなった時に、関係代名詞の出番になります。

　関係代名詞というのは、「さぁ、これから説明するぞ！」と気合を入れる合図のようなものです。

　昔のアニメで、ストーリーの途中でやたらと「説明しよう！」というナレーションが入るのがありましたが、あれのようなものです（わからない人はすみません）。

　たとえば、「昨日ここに来た男の子」だったら、以下のような言い方になります。

> 説明しよう!

This is the boy who came here yesterday.

　その「男の子」が「誰（who）なのか」をこれから「説明しよう！」と言っているわけです。

　日本語では、「昨日ここに来た男の子」というように、「男の子」（名詞）の前に説明部分を起きますが、英語ではthe boyの後に説明を入れます。ただそのままcame here yesterdayと入れてしまうと、ふつうの「主語＋動詞」と形が変わらなくなってしまうので、関係代名詞（ここではwho）を入れることで、「これから説明するよ」という合図をしているわけです。

　関係代名詞は、説明されるものと離れ離れになってはいけません。必ず、直後のタイミングで「説明しよう！」と気合を入れるのです。

　ここでポイントは「直後」ということです。以下の2つの文を比べてみてください。

＊つけたし型

（説明しよう！）

This is the boy who came here yesterday.

＊わりこみ型

（説明しよう！）

The boy who can speak English is my friend.
（英語を話せるあの男の子は私の友達です）

════を引いたところが説明の部分ですよね。同じwhoを使っても、説明の部分が最後にくっつくパターン（つけたし型）と、途中で出てくるパターン（わりこみ型）があります。

　日本の中学生たちがよく間違えるのは、わりこみ型の方です。

　The boy who ...となって、頭でっかちの文になるので、「これでいいのかな？」と不安になるのですね。それで、is my friendという後半部を先に言いたくなる誘惑にかられるわけで

す。

　でも、ここが踏ん張りどころです。

　私たちが英文法の法則を勉強しているのは、正確な文を作るためです。途中で不安になっても、大切な法則を投げ捨ててはいけません。

　ここでの原則は、「説明しよう！」の合図は、説明されるものの「直後」にないといけない、ということ。だから、the boyを説明したい時は、the boyがどこに出て来ようとも、

> 説明しよう!

the boy who…と言わないといけないのです。

　「さて、これから説明するぞ！」という気合を入れて、関係代名詞を使いましょう！

31章 どんな友達なのかな？

　関係代名詞は説明の合図と言いましたが、この説明の仕方は3通りあって、それぞれの場合によって形が変わってきます。

　I have a friend...と言って、どういう友達がいるか説明したくなったとしましょう。
　まずは「英語が話せる友達」というように、その友達が何をするのか（または何をしたのか）とか、友達がどういう状態なのかを説明する場合があります。この場合は主格と言って、whoを使います。

I have a friend <u>who</u> can speak English.

　次に、「誰もが好きな友達」、のように、誰かが何かをする相手として友達を説明する場合。これは、目的格 whom を使います（ただし現在の英語では、whomはあまり使われず、whoを代用することが多いのですが）。

I have a friend whom everyone likes.

　最後にひとつ。「友達のお父さん」とか「友達の名前」とかを取り出して、その「お父さん」や「名前」がどうなのかということを説明することで、どういう友達なのかを説明する、という方法があります。これは日本語の世界に暮らす者としてはわかりにくいのですが、あえて訳すと「お父さんが医者の友達」とか「名前がトムという友達」というような意味になります。この場合、所有格whoseを使います。

I have a friend whose father is a doctor.

I have a friend whose name is Tom.

　関係代名詞の直前に来て、説明される名詞（さっきの文ではfriend）のことを先行詞と言います。「説明しよう！」と気合を入れる言葉のすぐ前にあって、「先行」しているので、そういう名前になっています。
　この先行詞が人ではなくモノの場合は、who、whomの代わりにwhichを使います。主格の場合も、目的格の場合もwhichです。

I read a book which was written by Soseki Natsume.
(私は夏目漱石によって書かれた本を読んだ)

I read a book which Soseki Natsume wrote.
(私は夏目漱石が書いた本を読んだ)

　ここでは、いろいろある本の中で「どちらの（which）」の本か説明しようとしているわけですね。

　ところが、先行詞がモノの場合も所有格で説明する場合があります。たとえば、「カバーがとても美しい本」といった場合です。

I read a book whose cover is very beautiful.

　「お父さんが医者の友達」とか「名前がトムという友達」が、「お父さん」や「名前」という「友達の所有物」を通して友達を説明しているのと同じように、「カバー」という「本の所有物」を説明することで、どういう本か説明しているわけです（どうもまわりくどくなりますが）。

32章　合図がなくても大丈夫

　関係代名詞は「説明しよう！」という合図だという話をしました。

　ところが、この合図を省略できる場合があります。それは省略しても、文がおかしくならない場合です。

　以下の3つのうち、合図を省略してもいいのはどれでしょうか？

The boy who is running over there is my brother.
（向こうで走っているその男の子が私の兄（弟）です）

The boy whom we saw over there is my brother.
（向こうに見えるその男の子が私の兄（弟）です）

The boy whose hair is brown is my brother.
（髪の毛が茶色のその男の子が私の兄（弟）です）

答えは真ん中のwhomです。一番上のwhoを省略してしまうと、The boy is running...となってしまい、「その男の子が走っている」で話が終わって、後が続かなくなってしまいます。一番下の文もwhoseを省略すると、これもthe boy hair（男の子ヘアー？）というよくわからない形になってしまいます。

　ではwhomはどうでしょう？

The boy we saw over there is my brother.

　ふつう、名詞（boy）の後に「主語＋動詞」(we saw)というのは来ないので、聞いている方は「あれっ？」と思います。それが合図になってwhomという合図がなくても、「説明が始まるんだな」と了解するわけです。

　これは先行詞がモノの場合も同じです。目的格のwhichの場合（後ろに「主語＋動詞」が来ている場合）、whichは省略可能です。

New York is the city (which) I have wanted to visit.
（ニューヨークは私がずっと訪れたいと思っている都市です）

　ここでもwhichがなくても、後ろに「主語＋動詞」があることで、「説明なんだな」とわかるわけです。

　ところで、関係代名詞には、thatというのもあります。that

はwho/whomやwhichの代わりに使うことができる便利な言葉です（whoseの代わりにはなりません）。

I want a friend that can speak English.

　thatというのは文字通り、「アレ」ですよね。

　I want a friend...と言って、どういう友達か説明する際、「アレだよ、あのさあ、英語のできるヤツだよ」と言っているとイメージしてください。

　このように、thatは代用がきく便利な言葉です。関係代名詞の単元が範囲になる中学・高校の英語のテストでは、回答欄の全部にthatを書く生徒がいるので、よく「that以外で答えなさい」という条件がつくことがあります。逆に言えばそのくらい便利なのですね。

　でもそのthatが「都合のいい人ばかりではいられない！」とばかりに、本領を発揮する場合があります。who/whomやwhichではなく、thatしか使えない場合です。

　それはどういう場合かと言うと、「だれ」（who/whom）や「どちら」（which）では具合が悪く、「アレ」（that）としか言いようのない場合です。

He is the very man that I have wanted to see.
(彼は、私がずっと会いたいと思ってきた、まさにその人だ)

veryのもともとの意味は「まさに」という意味だと前に言いました。veryは副詞だけでなく形容詞としても使えて、「まさにその」という意味になります。

まさにその人(the very man)と先に言ってしまっているので、その人を説明する際、「だれかと言うと…」という説明はそぐわなくなります。

「まさにその人」→「アレだよ、あのさあ」→「私がずっと会いたいと思ってきた」という流れになるわけです。

このように、先行詞(ここではman)の前に「アレというのにふさわしい限定」が添えられている場合、thatしか使えなくなります。

the veryの他にも、the onlyとかallとかの単語、最上級の形容詞(たとえばthe best、the tallestなど)、序数(the first、the secondなど)がこれにあたります。

コラム

接続詞のthat

thatには、I know that～（～ということを私は知っている）、I think that～（～と私は思う）というように、「～ということ」を意味する用法があります。この場合のthatは接続詞で、後ろには必ず「主語＋動詞」がくっつきます。

I hope that it will be sunny tomorrow.（明日晴れるといいなあ）

ただこのthatも、「アレ」で説明することができます。

「私は」→「望む」→「アレを」→（アレっていうのは）→「明日晴れることだよ」という流れになっているからです。

その意味で使い方は違いますが、意味の上では関係代名詞のthatと共通していると言えます。

33章　嘆き悲しむ暇があるなら

　ここまで英語の文法について説明してきました。いかがだったでしょうか？
　「文法はわかったけど、英単語がどうしても覚えられない」という声が聞こえてきそうですね。

　英語を勉強しようとする人の意欲をくじくものに、「英単語の発音とつづり（スペリング）が一致しない」ということがあります。
　この本をお読みの方の中にも、中学・高校時代、「なぜこのつづりでこういう発音になるんだ！」とぼやきながら単語練習をした人が多いのではないでしょうか。
　歴史的にみると、15世紀初頭までの英語は、ローマ字読みに近い音で読まれていたようです。nameは「ネーメ」、timeは「ティーメ」と読んでいたと言われています。これだとすごく楽ですよね。
　ところが、その後、「大母音推移」という、英語の母音の大変化があり、発音が大きく変わってしまったにもかかわらず、当時すでに活版印刷が普及していたため、単語のつづりは変わらずにそのままに固定してしまった、ということのようです。

技術革新が必ずしも人間の幸せにつながるとは限らない、ということひとつの例だと言えば、大げさでしょうか。
　というわけで、現代に暮らす私たちは、英語における発音とつづりの不一致という大問題に悩まなければなりません。

　しかし、嘆いていても仕方ありません。現代英語の発音とつづりを貫く完ぺきな法則というものはありませんが、ある程度カバーできる法則なら見つけることができます。
　たとえば、日本でも子ども英語教室などで活用されている方法に「フォニックス（Phonics）」という教授法があります。
　これは、aからzまでのアルファベットが単語の中でどのように読まれるのか、まず耳で覚えよう、という方法です。
　たとえば、cは「ク」の音で読まれることがある、ということを知っておけば、cookをなぜ「クック」と読むのか、ということがわかります（カタカナでの表記はあくまで便宜的なものなのでご注意を）。
　2字の場合も、ch＝「チ」、sh＝「シュ」、ph＝gh＝「フ」、ee＝ie＝ea＝「イー」、oo＝「ウー」というような法則があります。teach（ティーチ）、wash（ウォッシュ）、tough（タフ）、feet（フィート）、school（スクール）などはこれで説明がつきます。
　フォニックスによって英単語の75％の読みがカバーできると

言われています。たった75％と考えるか、75％もと考えるかは、あなたの自由です。

最近では、フォニックスを音声で紹介しているホームページもあるので、参考にしてみてください。

ここで私が皆さんにお勧めしたいのは、不規則動詞の活用でも言ったように、英単語を覚えながら「自分で似たもの同士を集めていく」ことです。英語を長年勉強してきた人は、フォニックスを直接知らなくても、自分の中でルールができていて、自動的に読めるようになっていきます。それは、経験を積み重ねる中で「これはたぶんこうだろう」と推測がつくからです。「似たもの探しゲーム」をすることでその推理力はどんどんついていきます。

以下はほんの一例ですが、「似たもの単語」を並べたものです。あえて発音は書かないので、わからなければ自分で調べてくださいね。

name-take-date-make
Mike-kite-ride-side-write
air-hair-pair
pear-bear-wear
eat-meat-heat

ear-year-hear-near

　最近は音声の出る電子辞書やホームページも増えてきたので、そうしたものを使って、発音の練習をすることもできるようになりました。単語の練習はたくさん聞いて、たくさん発音するに限るので、そういったものもどんどん活用しましょう。

不規則動詞の活用 (タイプ別) 一覧

原形	過去形	過去分詞形	主な意味
A-A-A 型			
cut	cut	cut	切る
hit	hit	hit	打つ
let	let	let	させる
put	put	put	置く
read	read	read 発音は [red]	読む
A-B-A 型			
come	came	come	来る
become	became	become	なる
run	ran	run	走る
A-B-B 型			
dがtに			
build	built	built	建てる
lend	lent	lent	貸す
lose	lost	lost	失う
send	sent	sent	送る
spend	spent	spent	過ごす
短縮してt			
keep	kept	kept	保つ
sleep	slept	slept	眠る
leave	left	left	去る、残す
ghtシリーズ			
buy	bought	bought	買う
bring	brought	brought	持ってくる
think	thought	thought	考える
catch	caught	caught	捕まえる
teach	taught	taught	教える
oldな奴			
sell	sold	sold	売る
tell	told	told	話す
規則もどき			
have	had	had	持つ
hear	heard	heard	聞こえる
make	made	made	作る

原形	過去形	過去分詞形	主な意味
母音変化			
sit	sat	sat	座る
get	got	got	得る
find	found	found	見つける
anがooに			
stand	stood	stood	立つ
understand	understood	understood	理解する

A-B-C型

原形	過去形	過去分詞形	主な意味
母音変化（i-a-u）			
begin	began	begun	始める
sing	sang	sung	歌う
drink	drank	drunk	飲む
swim	swam	swum	泳ぐ
過去形にn			
break	broke	broken	こわす
speak	spoke	spoken	話す
母音変化と原形にn			
draw	drew	drawn	描く
know	knew	known	知る
grow	grew	grown	成長する
throw	threw	thrown	投げる
give	gave	given	与える
drive	drove	driven	運転する
rise	rose	risen	昇る
子音重ね			
ride	rode	ridden	乗る
write	wrote	written	書く
要注意人物			
show	showed	shown	示す
take	took	taken	とる
eat	ate	eaten	食べる
go	went	gone	行く
fly	flew	flown	飛ぶ

実践篇

実践篇　昔話を読んでみよう！

　中学英語をひととおりマスターしてしまえば、たいていの英語に対応できるようになります。

　ただ、いきなり英語の本を読むとか、字幕無しで洋画を見る、ということには抵抗があるでしょう。トライしてみたけど、途中で話がわからなくなって投げ出してしまった、という経験のある方もいるかもしれません。

　そこでオススメしたい方法は、あらかじめストーリーを知っている本や映画を活用する、という方法です。

　映画であれば、以前、日本語の字幕付きで見てストーリーを把握している映画を見て、ヒヤリングの勉強をしてみる。最近は英語字幕のついているDVDも発売されているので、そういったものを練習に使うという手もあります。

　ここでは実践篇として、だれでも話を知っている日本の昔話を2つ取り上げたいと思います。ただ、まだ英語ばかりの文を読むことに抵抗のある方もいると思うので、一部英語、一部日本語、という形で話を進めていきます。

　これなら、話を途中で見失うこともないでしょう。

　では、実践篇スタートです。

Urashima Taro

Once upon a time,there was a young fisherman by the seashore.His name was Urashima Taro.

ある日のこと、太郎が浜辺を歩いていると、子どもたちが小さなカメをいじめているのを見つけました。

"Stop it!", he said angrily. "You shouldn't do such a cruel thing."

子どもたちが逃げ去ると、太郎はカメに近寄り、カメを海に戻してあげました。「気をつけて帰るんだよ」と太郎はカメに声をかけたのでした。

それから数年後、ある日、太郎が沖合に出て釣りをしていると、大きなカメが海面に顔を出しました。そして、そのカメは太郎に話しかけたのです。

"I am the turtle that you have saved me before."

Taro was too astonished to say anything.

The turtle said, "I have wanted to show my gratitude for a long time.I would like to take you to the Dragon Palace."

Once upon a time…昔々　　fisherman…漁師　　seashore…海辺
angrily…怒って　　cruel…残酷な　　turtle…カメ
astonished…びっくりした　　gratitude…感謝の気持ち
the Dragon Palace…竜宮城

太郎はカメの感謝の気持ちに喜び、申し出を承諾します。彼は船から降りてカメの背中に乗り、竜宮城へと向かいました。

太郎とカメは海の中を旅して、海の底へと到着します。

Finally,they reached the bottom of the sea.Taro saw a gate of the Dragon Palace.It was made of beautiful coral.
A lot of colorful fish welcomed Taro.He felt very happy.
They went through the gate,and reached a large hall.
A beautiful lady was waiting for them there.

"Welcome to our palace,Mr.Urashima." said the lady. "I am Oto-hime,a daughter of the Dragon King.Thank you very much for saving the turtle."

乙姫は、太郎に竜宮城に滞在し、好きなだけ楽しんでほしい、と言います。それから太郎の夢のような日が始まりました。

Taro enjoyed singing,dancing,eating and drinking.It was a dreamy life.

However,he began to miss his own village.He missed his old mother.So,he said to Oto-hime, "Thank you very much for your hospitality.But I have to leave here."

She said to him, "I will miss you,Taro."

---

reach…〜に着く　　bottom…底　　coral…サンゴ　　welcome…歓迎する
through…〜を通って　　daughter…娘　　however…しかしながら
miss…〜の不在を寂しく思う　　village…村　　hospitality…おもてなし

乙姫は太郎を引き止めようとしますが、最後にはあきらめます。そして記念に玉手箱を渡すのですが、その時、"Please keep this,Taro.Never open the box." と言うのでした。

Taro went back to the village.He tried to find his house,but he couldn't.He couldn't find anyone that he knew.

He said to himself, "How strange it is!"

He looked at the box given to him by Oto-hime.

"If I open the box,I will surely find out what's happening."

When he opened the lid,a white smoke came out of the box and he suddenly became an old man with long white beard.

太郎は、自分が竜宮城で楽しい時間を過ごしている間、地上では百年以上の年月が過ぎていたことを悟るのでした。

太郎には、もはや何が夢で何が現実なのかもよくわかりませんでした。

---

not〜anyone…誰も〜しない　strange…奇妙な　surely…きっと
lid…ふた　suddenly…突然　beard…あごひげ

The gratitude of the crane

Once upon a time,there was a young man who lived in a small house in the mountains.

One day in winter,while he was walking in the forest,he saw a crane whose leg was injured.It was caught in a trap.

As he felt pity,he came down to the crane.

"Stop, don't move. I'll help you."

He released it from the trap. It flew into the sky.

その日の晩は大雪でした。若者が家に帰って夕食をとっていると、誰かがドアをノックする音がしました。

When he opened the door,he found a beautiful lady standing on the doorway.

"I'm lost in the forest. It is snowing heavily outside. Please let me stay with you for a while."

彼は突然の申し出に驚きましたが、その晩、彼女を泊めてあげることにしました。

---

crane…鶴　　forest…森　　injured…ケガをしている　　trap…わな
feel pity…かわいそうに感じる　　release…放す　　doorway…戸口
heavily…（雨・雪が）強く　　for a while…しばらく

The next morning, she showed him a textile.

"I have never seen such a beautiful textile. Did you make it?" She answered, "You have a nice loom. So, I used it to make the textile."

若者が織物を町の商人のところに持っていくと、それは信じられないくらい高い値段で売れました。彼は家に戻ると女性に、もっと織物を織るように頼みました。

彼女は織物を作ることを承諾しましたが、一つだけ約束してくれと言いました。

"While I am weaving a textile, promise me never to look into my room, Never. Never."

"I promise. I will never look into your room."

それから若者の生活は一変しました。彼は女性と結婚し、彼女が作った織物を売って、お金持ちになりました。純朴な若者だった彼は、いつしか強欲な人間に変わっていきました。

それにつれて、彼女の方は日に日にやつれていきました。

textile…織物　　loom…織機　　weave…織る　　promise…約束する

One day, she said to him, "I can't weave any more."

He said, "OK. But I want you to make one more. This is the last request."

彼は彼女が布を織っているところを見て、製法を盗めば、他の人に織らせることができると考えたのでした。

その日の晩、彼は彼女が織物をしている部屋のふすまを少しだけ開けました。

He looked into her room. "Oh, my God!" He was very surprised to find a crane in the room. The crane was weaving a textile with its own feathers.

鶴はすぐに彼に気づいて言いました。

"You promised me never to look. I am the crane that you saved on that snowy day. I can't stay here any longer."

He asked her to stay.

But she said, "I must say goodbye to you. Thank you very much for your kindness."

The crane flew away toward the mountain.

---

not〜any more…もう〜しない　　request…リクエスト、要求
feather…羽根

いかがでしたか？

このレベルの話が読めれば、次は全部英語の文章も大丈夫です。辞書を引きながらでも構いません。一部わからなくて飛ばしてしまっても構いません。ストーリーの知っている話であれば、部分的にわからないことがあっても気にする必要はないでしょう。

そして、その経験を積み重ねて行けば、次は未体験ゾーンへと突入していくことができます。

映画でも、本でも、新聞でも、インターネットでも、英語の世界は無限に広がっています。特にあなたが関心を持っている分野から入っていきましょう。

その長い旅路への第一歩を踏み出すために、この本がお役に立てれば、そんなに嬉しいことはありません。

資料篇

資料篇

名詞の修飾

a birdにいろんな修飾をつけてみると・・・

a beautiful bird (美しい鳥)	形容詞
a flying bird (飛んでいる鳥)	～ing形 単独
a injured bird (傷ついた鳥)	過去分詞 単独
a bird in the sky (空の鳥)	前置詞 ＋ 名 詞
a bird flying in the sky (空を飛んでいる鳥)	～ing形 を使って2語以上
a bird injured by a hunter (猟師に傷つけられた鳥)	過去分詞 を使って2語以上
a bird which I saw (私が見た鳥)	関係代名詞 を使って修飾

be動詞の後に来るもの

I am in Tokyo. （私は東京にいる）	前置詞 ＋ 名詞
I am happy. （私は嬉しい）	形容詞
I am a student. （私は学生です）	名詞
I am running in the park. （私は公園の中を走っている）	～ing形（現在進行形）
I am taken to the zoo. （私は動物園に連れて行かれる）	過去分詞（受け身）

haveの後に来るもの

I have an umbrella with me. （傘を持っている）	名詞（具体的なもの）
I have a good time. （楽しい時間を過ごす）	名詞（抽象的なもの）
I have lunch at home. （家で昼食を食べる）	名詞（食事など日常的動作）
I have to do my homework. （宿題をしなければならない）	不定詞（have to）
I have been sick since last week. （先週からずっと病気だ）	過去分詞（現在完了）

一般動詞の種類

I can swim well.
(速く泳ぐことができる)　　　草食系 (SV)

I became a teacher.
(私は先生になった)　　　タツノオトシゴ系 (SVC)

I played soccer yesterday.
(昨日サッカーをした)　　　肉食系 (SVO)

I made him a chair.
(彼に椅子を作ってあげた)　　　肉食系―してあげます目 (SVOO)

I named the cat Tama.
(その猫をタマと名づけた)　　　肉食系―変身させます目 (SVOC)

稲葉剛(いなば つよし)

1969年広島県生まれ。東京大学大学院(地域文化研究専攻)中退。
1990年代から路上生活者の支援活動を始める。2001年、「NPO法人自立生活サポートセンター・もやい」を仲間とともに設立。
2014年、一般社団法人つくろい東京ファンドを設立(代表理事)。15年には立教大学大学院21世紀社会デザイン特任准教授に就任し、貧困・社会的排除、居住福祉論を教える。

いつだって子どもがいちばん
10万人の子どもたちがぼくに教えてくれたこと

三浦伸也

1300円（税別）　ISBN978-4-426-11985-0

読みあそびの原点は少林寺拳法！

40代で絵本に出あった体育会系オヤジの"しんちゃん"。それから10年、少林寺拳法の極意で「絵本読み」ライブを実践。日々子どもたちを魅了しつづける"しんちゃん"が、子どもの気持ちのつかみ方、ぜんぶ教えます。

英国人ガーデナーに学ぶ
12ヵ月の庭仕事

マーク・チャップマン

1600円（税別）　ISBN 978-4-426-11997-3

マーク流ガーデンスタイル

植栽計画、寄植えの基本から、芝生や害虫対策など、日本の毎月毎月に必要な庭仕事を丁寧にご案内。英国リンカンシャーに生まれ、4つの専門カレッジでデザインと園芸を学んだ本格ガーデニングの極意と哲学。

[おとなの楽習]刊行に際して

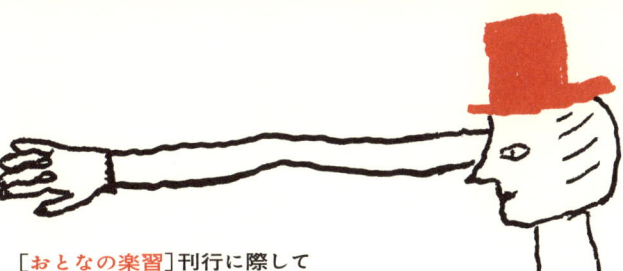

[現代用語の基礎知識]は1948年の創刊以来、一貫して"基礎知識"という課題に取り組んで来ました。時代がいかに目まぐるしくうつろいやすいものだとしても、しっかりと地に根を下ろしたベーシックな知識こそが私たちの身を必ず支えてくれるでしょう。創刊60周年を迎え、これまでご支持いただいた読者の皆様への感謝とともに、新シリーズ[おとなの楽習]をここに創刊いたします。

2008年　陽春
現代用語の基礎知識編集部

おとなの楽習3
英語のおさらい

2008年 6 月10日第1刷発行
2019年 1 月15日第17刷発行

著者	稲葉　剛（いなばつよし）　©INABA TSUYOSHI　PRINTED IN JAPAN 2008 本書の無断複写複製転載は禁じられています。
発行者	伊藤滋
発行所	株式会社自由国民社 東京都豊島区高田3-10-11 〒　171-0033 TEL　03-6233-0781（営業部） 　　　03-6233-0788（編集部） FAX　03-6233-0791
装幀	三木俊一（文京図案室）
DTP	小塚久美子
印刷	大日本印刷株式会社
製本	新風製本株式会社

定価はカバーに表示。落丁本・乱丁本はお取替えいたします。

- 君に伝えたいこと ── 姜尚中　1000円
- つぶやくみつる 世の中に申し上げたきコトあり ── やくみつる　1400円
- 顔ハメ看板 ハマり道 ── 塩谷朋之　1400円
- 小さなラッピング ── 宇田川一美　1400円
- 身近に植物のある暮らし ── 塩津丈洋　1700円
- 感じる漢字 心が解き放たれる言葉 ── 山根基世　1500円
- 悩める人、いらっしゃい 内田樹の生存戦略 ──　1500円
- お父さんが教える 作文の書きかた ── 赤木かん子　1400円
- お父さんが教える 図書館の使いかた ── 赤木かん子　1400円
- 現代用語の基礎知識 学習版 ──　1200円

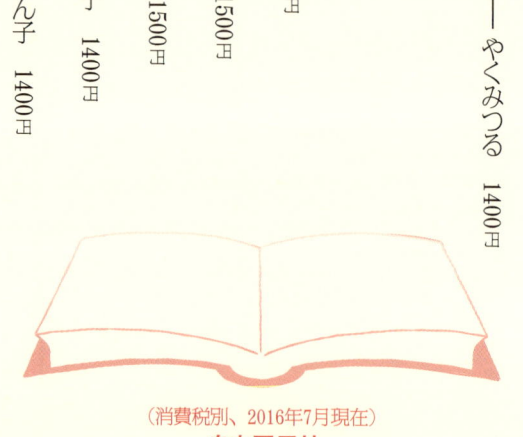

（消費税別、2016年7月現在）

自由国民社